Dieudonné Asifiwe C.

PENSER GRAND

Dieudonné Asifiwe C.

PENSER GRAND

Trois armes pour réagir autrement

Éditions Vie

Cover image: www.ingimage.com

Publisher:
Éditions Vie
is a trademark of
Dodo Books Indian Ocean Ltd. and OmniScriptum S.R.L publishing group

120 High Road, East Finchley, London, N2 9ED, United Kingdom
Str. Armeneasca 28/1, office 1, Chisinau MD-2012, Republic of Moldova, Europe
Printed at: see last page
ISBN: 978-613-9-59220-3

SOMMAIRE

DÉDICACE SPÉCIALE 3

REMERCIEMENTS 4

PRÉFACE 5

A l'origine, je suis un poète 5

Pourquoi ai-je écrit ce livre… 5

INTRODUCTION 9

PREMIÈRE PARTIE : DÉCOUVRIR

CHAPITRE 1 : VOS HABITUDES 16

Des habitudes automatiques 16

Les addictions 19

CHAPITRE 2 : VOS LIMITES 21

Des limites face aux aides 21

Les faces cachées des bienfaiteurs 24

Des limites face au mal 25

CHAPITRE 3 : LES DIFFERENCES 27

La complémentarité vous éloigne de certains dangers 33

DEUXIÈME PARTIE : ACCEPTER

CHAPITRE 4 : LE PASSÉ 39

CHAPITRE 5 : LA SITUATION 41

Accepter vos problèmes 42

CHAPITRE 6 : ÇA NE MARCHE PAS 45

Persévérer fait parfois perdre ses opportunités 48

CHAPITRE 7 : ON NE SOIT PAS AU NIVEAU 49

CHAPITRE 8 : ÇA NE SE SOIT PASSÉ COMME PRÉVU 51

CHAPITRE 9 : LES DÉRAILLEMENTS 53

Le choix de voler parmi les grands 53

CHAPITRE 10 : ÊTRE INCOMPRIS 60
CHAPITRE 11 :LA MAUVAISE PERSONNE QU'ON EST 61
CHAPITRE 12 : DES RELATIONS DÉSAXÉES 63
CHAPITRE 13 : EN FIN DE COMPTE, S'ACCEPTER ! 65
Les 3 portes de la Sagesse 65
Vivre tourné sur soi-même 70
Comment s'accepter ? 71

TROISIÈME PARTIE : AFFRONTER

CHAPITRE 14 : AFFONTER SON INTÉRIEUR 78
Affronter sa peur 80
CHAPITRE 15 : LES OPINIONS 82
Les opinions collectives 83
CHAPITRE 16 : IGNORER C'EST AUSSI AFFRONTER 86
Ignorer, pardonner 87
L'inchangeable 89
L'irrémédiable 91
Des conseils introvertis 92
Pourquoi ignorer certains conseils ? 94
CHAPITRE 17 : LE MÉSESTIME 95
CHAPITRE 18 : CE QUI VOUS CONCERNE vs CE QUI NE VOUS CONCERNE PAS 98

DÉDICACE SPÉCIALE

Vous qui prenez le temps de lire le présent travail, êtes une personne spéciale. Je vous le dédie donc !

REMERCIEMENTS

S'il y a un ÊTRE que je puisse remercier chaque fois que je fais un pas, que je me tire d'une situation difficile et surtout quand j'ai l'impression de comprendre les choses différemment ; c'est le Bon Dieu, Créateur de tout ce qui existe, pour sa Grâce et ses bienfaits qui sont impossibles à expliquer. Que son nom soit loué partout et pour toujours !

Je ne manquerais pas de remercier ma famille qui est la base de l'humain que je me suis promis de construire en moi et de toutes mes bonnes voies. Je ne peux pas me passer de le dire ainsi puisque je suis convaincu que ce serait une erreur.

Je dis merci à tous ceux qui ont, posé des actions positives ou négatives pour que j'en tire des expériences et des leçons.

Je remercie également tous ceux qui connaitront cet ouvrage et en parleront à leurs connaissances.

PRÉFACE

A l'origine, je suis un poète...

Je suis Dieudonné Asifiwe Chikala, passionné de la lecture et de l'écriture, jeune écrivain originaire de la République démocratique du Congo où je vis actuellement. Je suis un poète-né, qui s'engage à suivre les pas de la poésie telle que nous la connaissons sans se plier aux contraintes de mon époque. Si vous avez horreur de la poésie, ne vous inquiétez pas, ce livre n'est pas poétique !

Le présent livre est mon quatrième si l'on compte ceux que j'ai déjà publiés. J'ai commencé à écrire depuis de très bas âges, par passion et par amour pour le livre. J'ai fondé une bibliothèque en ligne gratuite pour les gens qui aiment lire, que vous pouvez consulter en écrivant à la page Facebook de Strengfe.

Je fais donc du mieux que je peux pour ne pas éteindre la flamme la plus forte qui se ranime sans cesse à l'intérieur de moi et sans laquelle je ne me regarderais pas de la même manière.

Ce livre est le premier que je publie dans le sens de développement personnel et je suis sûr qu'il vous aidera à penser plus grand afin de gérer au mieux des situations les plus compliquées de la vie de la façon la plus intelligente possible.

Pourquoi ai-je écrit ce livre...

Une vieille légende indienne raconte qu'un brave trouva un jour un œuf d'aigle et le déposa dans le nid d'une « poule de prairie ». L'aiglon vit le jour au milieu d'une portée de poussins de prairie et grandit avec eux.

Toute sa vie, l'aigle fit ce qu'une poule de prairie fait normalement. Il chercha dans la terre des insectes et de la nourriture. Il caqueta de la même façon qu'une poule de prairie. Et lorsqu'il volait, c'était dans un nuage de plumes et sur quelques mètres à peine. Après tout, c'est ainsi que les poules de prairie sont censées voler. Les années passèrent. Et l'aigle devint très vieux.

Un jour, il vit un oiseau magnifique planer dans un ciel sans nuage. S'élevant avec grâce, il profitait des courants ascendants, faisant à peine bouger ses magnifiques ailes dorées. « Quel oiseau splendide! » dit notre aigle à ses voisins. « Qu'est-ce que c'est ? » « C'est un Aigle, le roi des oiseaux, » caqueta sa voisine. Mais il ne sert à rien d'y penser à deux fois. Tu ne seras jamais un aigle. »

Ainsi l'aigle n'y pensa jamais à deux fois. Il mourut en pensant qu'il était une poule de prairie.

Tiré des *Histoires Magiques Du Club-Positif*
de Christian H. Godefroy

L'aigle est sans doute l'oiseau qui possède une vie de vaillant et pleine de succès parmi tous. Mais ce qui fait qu'un aigle soit un aigle n'est pas sa taille, sa capacité à voler plus haut, sa férocité ou sa vision plus développée. Tout cela est la conséquence de la PENSÉE D'AIGLE. Un aigle qui pense comme une poule est une poule. Une perdrix avec la mentalité d'un aigle est « plus aigle » qu'un aigle qui pense comme une perdrix. Votre faiblesse ou votre force réside essentiellement dans votre niveau de pensée. Ce que les gens disent de vous ne fait pas de vous ce que vous êtes. Ce que vous êtes, c'est ce que vous dites de vous-même. Et c'est là que la pensée joue un rôle capital dans toutes vos actions mais aussi vos réactions.

Le lion, le léopard, le loup, le guépard, le chacal et tous les animaux féroces ne sont craints par les autres animaux parce qu'ils sont les plus forts, mais parce qu'ils ont la mentalité de guerrier. Les carnivores mettent la loi partout où ils passent et se respectent entre eux, pendant que les herbivores sont occupés par la peur et des disputes stériles car c'est là que sont limitées leurs pensées. Les gens faibles passent leur temps à se disputer alors que les forts trouvent d'apaisement dans la chasse que dans les querelles futiles. Vous ne pouvez pas cacher votre façon de penser car votre mental est visible à travers tous les gestes que vous posez. Toute votre petitesse ou votre grandeur vient de vos pensées, lointaines qu'elles soient.

Cet ouvrage évoque le pouvoir que Dieu nous a légué à travers nos pensées. Ce que nous pensons constitue ce que nous vivons, que nous nous en rendions compte ou pas. Les plus limités dans la pensée sont les plus limités dans les actions.

J'ai écrit ce livre pour nous rappeler l'erreur que nous commettons lorsque nous ne travaillons pas sur nos pensées, sur ce qui se constitue à l'intérieur de notre cerveau. Certains d'entre nous n'arrivent pas à se constituer une base solide afin qu'ils ne soient pas secoués par tous les vents qui passent, tout simplement parce qu'ils pensent aux situations telles qu'elles se présentent sans y apporter aucune modification.

Dans ce livre, je nous appelle à l'importance d'être nous-mêmes face à toutes les contraintes de la vie, à comprendre les choses de la façon la plus appropriée possible et à gérer les problèmes le plus définitivement possible en laissant l'intérieur de nous gouverner notre aspect extérieur. La grandeur de vos pensées définit votre véritable grandeur, et cela se fait remarquer dans tous vos agissements.

Vous souvenez-vous de tous les petits évènements significatifs de votre enfance ? L'un d'entre eux illustre efficacement le pouvoir qu'a la pensée sur nos pratiques. Lorsque nous étions enfants, il nous arrivait pendant la nuit, de penser qu'il y avait des silhouettes d'Hommes dans l'obscurité. Il suffisait de voir un bananier pour qu'on se fabrique un Homme tout entier, vêtu de noir, qui a exactement la taille du bananier que nous voyons chaque à la même place. Il nous arrivait de courir parce que bizarrement, cet Homme déguisé avait une loufoque intention de nous nuire.

Les chemins nous étaient bien familiers, on y passait pendant journée, on remarquait bien tous les recoins où pouvaient être logés tous les bananiers. Pourtant il suffisait qu'il fasse nuit pour que nous soyons sûrs que ces mêmes bananiers étaient des silhouettes d'Hommes cachés dans le but de nous nuire.

C'est ce qui se passe dans nos véritables pensées aujourd'hui, sauf que c'est dans des manières plus évoluées. Dans cet ouvrage, je m'exprime si véridiquement que je peux pour nous montrer le juste pensum de nos pensées et la place qu'elles occupent dans nos agissements.

INTRODUCTION

« Je suis jeune, il est vrai ; mais aux âmes bien nées, la valeur n'attend point le nombre d'années. » – Pierre Corneille

Cette citation populaire de Pierre Corneille est plutôt logique ; compte tenu de la différence entre les âges des gens et leurs agissements, entre les bêtises que nous font les vieilles personnes censées être plus sages et les jours qu'ils ont déjà passés ici-bas. Je n'essaie pas de commenter ladite citation car, la partie qui m'intéresse est « la valeur n'attend point le nombre d'années ».

La grandeur aussi, si je peux me permettre de presque plagier Corneille, n'a aucune parenté avec les âges qu'ont les gens. Et ce ne sont pas que la grandeur et la valeur. Plusieurs mesures ne peuvent pas être influencées par la grandeur apparente de l'Homme car non seulement elles sont vagues mais aussi très complexes.

En se référant à cette théorie, on peut alors se dire résolument qu'il existe deux sortes de grandes personnes : ceux qui paraissent grands et ceux qui sont grands. Pas tellement de différence, du point de vue orthographique. Pourtant dans le fond, la différence est si large que si on met ces deux catégories de personnes devant vous, vous le constaterez tout de suite. Vous remarquerez la différence en contenu de paroles, en jugement, en compréhension, en discernement,... et par-dessus tout en pensée.

Nos costumes hyper élégants ne font pas de nous de grandes personnes, ni nos parfums qui attirent tout ce qui est sensible sur nous ou notre coiffure qui rend notre look captivant. L'extérieur intéresse en particulier une catégorie de personne : ceux qui se trompent trop souvent sur des choses ou des personnes puisqu'ils jugent selon les apparences.

Je suis de ceux qui ne sont réellement pas intéressés par l'aspect extérieur des choses sans toutefois y porter aucune négligence. L'objectif primordial est de vous rappeler que votre interne gouverne de façon significative sur votre extérieur, de vous amener à pousser vos pensées aussi loin que possible et de prendre les choses comme vous le devez. Car plus vous êtes borné dans la pensée, moins vous vous rapprochez de la véracité des évènements.

Votre façon de penser justifie tout ce que vous faites, tout ce que vous dites, votre attitude envers des situations précises et concentrées sur vous, votre discernement,... Ce que vous vous constituez dans les pensées, vous le voyez dans la vraie vie.

Ce livre n'est pas seulement un reflet de mon comportement ou de ma façon de faire. C'est également une globalité de ce qui a constitué l'une de mes plus grandes observations sur des personnes spécifiques. Dans ce livre vous découvrirez les méthodes que j'utilise pour comprendre les situations le plus efficacement possible, pour ne pas être emporté par les toutes les vagues qui passent, pour comprendre les différences entre moi et les autres, pour passer à ce qui m'est essentiel, pour résoudre le plus définitivement possible des problèmes qui me cassaient les nerfs avant ou qui refusaient de me quitter, pour gouverner mes sentiments plutôt que mes laisser diriger par eux,...

J'ai constaté que la plupart des solutions à nos problèmes se trouvent en nous, particulièrement dans notre niveau de penser. Parfois nous nous focalisons sur des problèmes que nous limitons nos pensées, nous nous rendons alors incapables de penser plus grand, de les résoudre plus efficacement ou de les résoudre tout simplement.

Vouloir résoudre un problème est un autre problème auquel il faut apporter une solution. Certains problèmes ont la particularité de dégénérer lorsqu'ils nous occupent, ils nous appellent alors à utiliser des procédés qui leurs sont spécifiques. Étonnamment, il m'est arrivé de constater que la meilleure manière de résoudre un problème est de ne pas s'occuper à le résoudre. Dans ce livre, je vous parle de ma procédée pour pousser vos pensées plus loin, pour pallier plus simplement à des situations qui sont grandes de formes, juste en vous servant de cette grande ressource qu'on appelle la PENSEE.

Tout cela s'articule autour de trois mots, trois verbes qui font de vous un laboratoire où vous résolvez des problèmes en navigant dans votre seule et unique tête, sans vous stresser. Ces trois aspects vous aideront à réfléchir plus profondément sur vous-mêmes ; à connaître la personne que vous êtes réellement, vue de l'intérieur ; à ne pas trop stagner dans des histoires qui ne feront davantage qu'apporter d'embrouilles. Ils vous aideront aussi à gérer votre entourage au lieu de toujours le laisser vous gouverner jusqu'à vous rendre passif.

Pour penser grand, il y aura certaines choses qu'il faudra **DECOUVRIR**, d'autres qu'il faudra **ACCEPTER** et d'autres qu'il faudra **AFFRONTER**.

Vous me trouverez parfois, orgueilleux, immodéré ou encore monsieur « donneur des leçons » mais vaut mieux être excessif en restant fidèle à soi-même que se perdre dans une forêt des tempéraments dans laquelle on est une victime sans action alors qu'on est censé être l'acteur de sa propre vie.

Rappelez-vous, l'objectif n'est pas de faire de nous des saints ou des parfaits, ou même des personnes qui ne pensent qu'à elles seules. Ce que vous trouverez dans ce livre, vous aidera à vous connaître mieux qu'avant, à penser plus loin que vous le ne faisiez peut-être. Et si vous faites exactement ce que cet ouvrage remémore, alors suggérerez-le à d'autres personnes et il sera important pour elles.

« La plupart des gens échouent car ils ont peur de se dresser contre leurs proches.
Vous ne pouvez réussir qu'en acceptant les responsabilités de vos actions.
Votre estime de vous ne devrait pas être basée sur l'approbation des autres.
La perfection est un piège de l'esprit. Alors, arrêtez d'essayer d'être parfait.
Pleurer n'est pas un signe de faiblesse.
Ne jugez pas quelqu'un sur les ragots des autres.
Ne soyez pas triste et n'attendez pas la compréhension des autres.
Comprenez que chacun a des histoires et des expériences différentes.
Arrêtez de perdre votre énergie en réagissant aux commentaires des gens toxiques.
La meilleure manière de traiter les personnes toxiques est de couper les ponts avec eux dans votre vie le plus tôt possible.
N'essayez jamais de contrôler tout le monde et tout ce qui vous entoure.
Vous devez sortir de votre zone de confort pour réussir.
Concentrez-vous sur votre force, et non pas sur les réussites des autres. »

Hina Anser répondant à la question : "Quelles sont les leçons que les gens apprennent généralement trop tard dans leur vie ?" d'Alexandre Racine sur Quora.

PREMIÈRE PARTIE :

DÉCOUVRIR

Tout ce que vous faites sans que personne ne vous oblige, constitue en quelques sortes ce que vous êtes à l'intérieur de vous. J'ai découvert qu'en réalité, à l'intérieur de nous, entant que des êtres humains vivant ensemble dans un coin précis sur la Terre, nous avons plus de RESSEMBLANCES que nous ne pouvons l'imaginer.

Je me suis regardé puis j'ai regardé autour de moi et j'ai alors constaté que nous avons beaucoup d'agissements similaires mais avec des différences guidées par les circonstances, notre mode de vie, notre éducation, nos natures particulières et surtout notre GRANDEUR INTÉRIEURE guidée par la GRANDEUR DE NOS PENSEES. Ceux qui vont plus loin dans les pensées sont susceptibles d'être agréablement différents des autres, d'offrir moins d'incommodités que les autres, de mieux gérer les inconforts.

Les mêmes délires ou les mêmes raisons nous habitent tous mais suite à nos différences de pensées, nous les gérons différemment. C'est alors que nous avons tous des secrets que nous dissimilons pour que l'on ne découvre pas ce que nous faisons dans le noir, soit seul ou avec quelques autres personnes qui ont les mêmes niveaux de pensée que nous. Ou même qu'aucun de nous n'arrive à dire exactement ce qui est vrai. Nous ne faisons que fabriquer la vérité, essayer de la bricoler selon nos propres intérêts vis-à-vis de l'interlocuteur ou de la situation.

Généralement, nous avons tous au moins une addiction chacun. Cette recette qui nous met en danger mais qui semble presqu'impossible à déloger. Certains en ont une qui est un peu plus grave que les autres, d'autres arrivent à se camoufler et d'autres encore, sont plus exposés. Ceux qui le ressemblent le moins peuvent être parfois ceux qui en ont plusieurs. Chaque fois, nous parlons plus de l'addiction d'une autre personne sans faire allusion à la nôtre. Nous en reparlons un peu plus loin.

Nous croyons parfois que les gens sont calmes ou timides, alors qu'ils ont simplement horreur de parler dans une foule ou pendant qu'une autre personne prend parole dans une circonstance bien précise. Chacun de nous a au moins un endroit où il se déchaine peu importe son niveau de timidité.

Tous nous parlons des autres à leurs dos. Tous nous sommes jaloux, nous sommes tous hypocrites, nous sommes tous menteurs. Tous, nous avons au moins un mal que nous faisons. Les uns arrivent à en faire plus que d'autres, félicitation ! D'autres sont capables de se maquiller.

Nous faisons donc presque les mêmes choses mais de façons différentes. Possible que vous vous demandiez ce que vous avez à découvrir alors que nous faisons tous presque les mêmes choses mais différemment.

CHAPITRE 1

VOS HABITUDES

Vos habitudes circulent dans vos agissements et vous différencient des autres. Elles créent en vous soit des caractères positifs ou négatifs. Lorsque vous laissez à vos mauvais caractères la liberté de grandir, ils deviennent des addictions. Vos addictions vous contrôlent et vous font faire des trucs incontrôlés jusqu'à vous faire regretter quelques temps après. Les caractères positifs vous rendent particulièrement égal à vous-même et font de vous une personne différente des autres.

Vous pouvez penser que vous connaissez vos habitudes mais le simple fait qu'elles occupent votre quotidien jusqu'à s'accoler sur tous vos gestes peut être la justification que vous ne les connaissez peut-être pas. Ou encore, il se peut que vous n'ayez jamais pensé à vos habitudes pour que vous parveniez à les déchiffrer collées sur vous.

Des habitudes automatiques

La première chose que vous avez à découvrir est ce que vous faites fréquemment sans aucune attention. Autrement dit, découvrir vos habitudes, bonnes ou mauvaises qui sont si automatiques qu'elles arrivent sans que vous ne vous en rendiez pas compte. Parfois un peu simplistes ou même empesées mais il n'y a pas plus considérable que d'énumérer ces choses-là.

Le deuxième challenge consiste à distinguer les bonnes habitudes des mauvaises. Sans surprise, améliorez les bonnes et transformez les mauvaises en bonnes du mieux que vous pouvez. Plus simple à dire qu'à faire ? Certainement.

Mais les connaître est un pas d'avance. Nous vivons dans un monde où les gens se donnent la légitimité de délirer. Où vous êtes mal vu lorsque c'est vous qui faites moins d'erreurs. Ce qui a donné aux gens un libertinage mental ou émotionnel démesuré qui assombrit leur conscience lorsqu'ils en ont le plus besoin. Les gens font alors du mal ou du bien inconsciemment, concentrés ailleurs que sur leur conscience, endormie d'ailleurs.

Découvrir vos bonnes et mauvaises habitudes est la plus grande avancée vers votre amélioration et surtout l'éradication de plus grands fléaux qui vous habitent. Faire attention à vos mauvais rituels est un défi que beaucoup n'arrivent pas à relever. Nous en avons plus que nous ne pouvons imaginer.

Donnez-vous le temps de découvrir ces trucs que vous avez laissé entrer dans votre vie, qui sont frivoles et néfastes pour vous-même et pour les autres. Aucune de vos mauvaises habitudes n'est venue de lui-même, vous avez laissé votre porte grande ouverte et elles sont entrées. Du coup pour les expulser, vous allez devoir être plus coriace avant qu'elles vous dévorent.

L'éjection d'une habitude hargneuse coûte plus cher que la laisser entrer car elle apprend à vous connaître lorsqu'elle habite en vous. Elle apprend à vivre en vous petit à petit jusqu'à prendre contrôle de vos décisions à un moment où elle acquiert de la compétence de le faire.

Les bonnes habitudes sont plus faciles à découvrir que les mauvaises car, elles sont très souvent sous notre entier contrôle. Pour la même raison, elles sont aussi plus aisées à abandonner. Il est plus commode de ne plus faire son jogging tous les dimanches matin que de ne plus fumer ; de renoncer à la régularité à la fac qu'à la masturbation, de ne pas revoir ses notes que d'abandonner l'alcoolisme exagéré... les bonnes habitudes sont facilement remplacées par les mauvaises mais l'inverse n'est pas plus simple que ça.

Pour y arriver, il faut être plus grand dans vos prises de décision, plus fort dans l'application, plus déterminé dans l'éradication, plus patient avec le temps et plus intelligent en tout. N'oubliez jamais que ces choses que vous produisez tous les jours vous reviennent tôt ou tard sous des formes plus évoluées. La vie c'est comme le gardien de but d'un match de football ; sauf que, contrairement au gardien de but, lorsque vous lui envoyez la balle, elle vous la retourne sous une forme différente.

Si vous observez ces personnes qui semblent avoir ordonné leurs vies qu'ils vivent plus aisément que vous, vous vous rendrez compte qu'ils ont pris le contrôle de leurs habitudes. Ils font tout avec soin que vous avez l'impression que rien de les échappe. Le sport, l'alcool, le sexe, l'alimentation, le sommeil, la finance, le loisir, la lecture,... ils sont arrivés à contrôler presque tout. Ils donnent alors impression de vivre comme des anges, tout est modéré et modélisé, tout est à la limite du parfait. Ils ont gardé pour eux leurs mauvaises habitudes et ont envoyé à la vie les bonnes habitudes. Ils n'ont envoyé à la vie que de bonnes balles, la vie leur a offert de balles plus suaves.

Au début vous souffrez, avec le temps vous y prenez du plaisir. Lorsque j'ai commencé à côtoyer le monde du marketing relationnel, l'un de plus dures épreuves était de faire tout mon possible pour que je sois au bureau à 7h30 du matin au plus grand tard. Sans compter que chaque nuit je devrais me coucher au plus tôt à 23h. J'avais horreur de manquer mon sommeil, je trouvais délirant de dormir 5 à 6h par jour alors que je n'étais pas sûr d'obtenir des résultats. En marketing relationnel, lorsque vous êtes au noviciat, les résultats semblent tellement éloignés de vous que vous pouvez facilement croire qu'ils n'existeront jamais.

En dehors de ça, la faculté me prenait 3h par jour de 15h à 18h et je travaillais 3h par jour dans un restaurant, de 18h à 21h. C'était vraiment trop parce que les résultats n'existaient visiblement pas. Aujourd'hui, je me dis que les résultats agréables dépendent des peines que nous acceptons de porter. Je ne pouvais pas le dire à l'époque.

Jusqu'à ce que j'observe ceux qui m'entourent et qui ont réussi à vivre dans des situations plus compliquées que les miennes sans atteindre de résultat et sans abandonner leurs objectifs. En fait, pour ces gens, c'était devenu un plaisir de se coucher chaque jour à 00h et de se réveiller à 6h. Lorsque nous pensons grand, les peines ont moins d'effets sur nous car nous ne sommes pas concentrés sur elles. Ils n'aimaient pas moins dormir, ils avaient trouvé nécessaire de le faire et avaient fait de ça une habitude. Du coup, c'était devenu naturel. Depuis que j'avais pris l'habitude de faire comme eux, mon équipe commençait à accroître.

Les bonnes habitudes sont douloureuses au début, alors que les mauvaises elles, sont savoureuses. Avec le temps, vous y prenez le plaisir, dans tous les deux cas. Sauf que les bonnes habitudes construisent un Être modèle tandis que les mauvaises détruisent le peu de bon qui peut être en vous. Les habitudes sont comme des graines, vous les plantez, elles mettent du temps pour vous revenir. Lorsqu'elles reviennent, elles ont déjà des formes moins maniables.

Les bonnes habitudes sont un très grand investissement, elles prennent du temps avant de vous récompenser. Mais quand elles le font, elles prennent le soin de bien vous servir. La vie elle, ne fait qu'accepter tout ce que vous plantez et vous renvoie vos graines qui ont pris des formes autres que celles originelles.

La vie est un combat dont vous êtes votre propre cible. Elle est élastique, lorsque vous lui envoyez des projectiles, elle vous retourne des projectiles plus rudes et reconvertis. Ce que vous lui lancez, elle vous le renvoie au centuple. Tout ce que vous faites retombe sur vous d'une manière ou d'une autre. Tâchez donc de n'envoyer à la vie que de bons germes afin que de bonnes plantes vous soient rendues. Tâchez de prendre bien soin de ce que vous pouvez contrôler, de vous battre pour prendre contrôle de ce qui vous échappe et d'apprendre de vos erreurs. Car une action qui vous a échappé mais qui a causé bien de torts à votre propre vie est beaucoup douloureuse.

Les addictions

Les addictions sont ces mauvaises habitudes qui sont devenues des dépendances, vues du mauvais flanc. En général, chacun de nous a au moins une addiction, un truc obscur qui l'habite, qui le pousse à faire des balourdises incontrôlées qu'habituellement, il regrette après.

Le plus grand danger avec les addictions, est que peu vraiment d'entre nous arrivent à y penser ou à les accepter. Ça peut être la jalousie, le mensonge, l'alcoolisme, la sexualité, la drogue, la masturbation, la pornographie, le cigare,... et chaque fois, vous êtes la première victime. Certains en ont un seul, d'autres en ont deux, d'autres encore en ont plusieurs. Certains ont des addictions plus visibles comme le cigare, la drogue, l'alcoolisme ; d'autres en ont de très cachées comme la pornographie, la sexualité,...

Y avez-vous déjà pensé ? Sinon, c'est peut-être parce que vous limitez vos pensées, parce que vous n'avez jamais pensé plus GRAND. Ou parce que, vu le rang que vous occupez, il vous est devenu difficile d'y penser, tellement vous êtes quasi parfait dans votre communauté ou que vous pensez aux autres que vous avez oublié de voir où poser vos pas. Vous avez peut-être la chance de diminuer son (leur) intensité si vous la (les) découvrez ou de l' (les) éradiquer catégoriquement.

CHAPITRE 2

VOS LIMITES

Il m'est arrivé de me demander comment certaines personnes ont atteint un niveau inimaginable de contrôle qu'on croirait qu'ils sont à peu près indifférents face aux bêtises qui se déroulent autour d'elles et qui, normalement, devraient les atteindre.

Je me suis rendu compte qu'en effet, ces personnes ont découvert des limites qu'ils ont face à des situations bien précises et à des moments déterminés. Elles arrivent par ce fait à concevoir d'autres frontières face à ces limites qu'elles essaient à tout prix de respecter au quotidien. Il ne s'agit pas donc seulement de connaître ces limites mais de les améliorer lorsqu'elles sont importantes pour votre bonne conduite.

Les limites ne sont pas un lot de faiblesses mais une frontière qui nous est forcée et imposée par notre nature. Lorsque vous découvrez jusqu'où vous pouvez aller sur le versant X, vous cessez d'y perdre votre temps pour vous focaliser sur le versant Y où vous pouvez aller plus loin. Quoi qu'il en soit, on a tous des potentiels inimaginables qui font que nous sommes tous spéciaux. Il arrive que vous vous sentiez ridicule du fait que vous êtes concentré ailleurs que sur vos véritables ingéniosités.

Des limites face aux aides

On est tous d'accord que du point de vue humanitaire, il faut faire du bien autour de soi, il faut aider le prochain, secourir ceux qui sont en besoin,... Dans un autre versant, il ne faut pas se lasser de demander de l'aide lorsqu'on pense qu'on ne peut rien faire d'autre. C'est ce qui fait de nous des humains et non des animaux hyper-féroces ou des anges démoniaques déchus du paradis. C'est pour ça qu'on n'est pas des loups solitaires.

Paradoxalement, souvent le BIEN ravage tout lorsqu'il est fait de façon à rendre parasites ceux qui en reçoivent. Parfois un mal commis dans le présent produit des bienfaits dans l'avenir. C'est alors plus fréquent que quelqu'un qui a souffert soit plus habile que quelqu'un qui a été gâté. Même pour aider son prochain, il faut une limite. Il faut à chacun de nous découvrir quelle est sa limite face au bien qu'il commet et pour quel but il veut l'établir.

Sans limite, vous aiderez des gens jusqu'à les rendre totalement dépendants de vous de façon à oublier comment on prend soin de soi-même et de ses proches. Je me dis toujours que ceux nous octroient de petites aides habituelles ne nous aiment pas ; ils nous habituent à quémander pour qu'on reste inférieurs. Si vous aimez les gens, si vous êtes réellement de bon cœur, l'aide la plus importante que vous puissiez leur offrir est de leur permettre de ne plus recourir à vous.

De même, lorsque vous êtes habitué à vous faire aider, vous devenez progressivement parasite que vous n'oserez jamais accomplir quelque chose de vous-même. Une fois que votre bienfaiteur renonce à vous aider ou qu'il n'apparaisse plus, vous devenez malencontreusement désorienté car vous ne saurez pas où commencer pour prendre votre équilibre en main.

Le côté positif du mal est qu'il forge nos capacités à gérer tout ce qui peut arriver, vous met sur une bonne voie pour comprendre ce qui vous arrive et quelle direction vous êtes censé prendre. Parfois, parce que vous êtes gâté, vous ne pouvez pas découvrir de quoi vous êtes capable, tellement immobilisé par les aides qui vous rendent dépendant des autres.

Nous avons sûrement des rôles à jouer dans tout ce qui doit nous arriver de bon ; lorsqu'on nous aide sans que nous y conjuguions une partie d'efforts, nous tuons nos habiletés. Un bon bienfaiteur est celui qui vous aide et vous laisse jouer un rôle dans votre propre développement, sans quoi vous ne pouvez pas progresser. Un bon bienfaiteur, au lieu de vous offrir quelques billets, vous donne une source de revenu. Il vous revient de travailler ou pas selon votre gré.

Le bonheur reçu de petites aides perpétuelles est un bonheur instable et fragile, si l'on peut dire qu'il existe. Il peut s'envoler chaque fois que le bienfaiteur le veut. Il vous rend dépendant éternel et met un plafond à votre développement. Il y a un stade de développement que vous ne pouvez pas franchir lorsque vous vivez au dépend des gens car ils sont incapables de vous offrir la chance d'évoluer jusqu'à leur niveau.

Puisqu'il faut en parler, que pouvez-vous penser au couple développement socio-économique de l'Afrique et aides aux multiples formes venues de toute part du globe ? L'Afrique s'est tellement habituée aux aides qu'il ne peut plus s'en séparer même si ses bienfaiteurs dissimulés le lui proposent. Aujourd'hui, tout ce qui se fait en Afrique sans aide se fait si détestablement qu'on est obligés de quémander chez tout le monde. Même pour élire leurs dirigeants, les africains sont obligés de recourir à ces mêmes personnes qui les agenouillent. Votre main est votre arme économique fondamentale face au monde extérieur, si vous demandez plus que vous n'offrez, vous devenez plus manipulable et par conséquent, restez inférieur.

Si chaque jour quelqu'un s'arrange pour que vous vous nourrissiez, quel jour ferez-vous d'efforts pour vous nourrir ? Que ferez-vous lorsque vous aurez un besoin plus complexe ? En plus de dépendre financièrement de lui, vous le serez sur les plans émotionnel, mental et décisionnel. Vous serez en manque de choix et de décision chaque fois qu'il fera appel à vous.

Le plus hilarant est que, vous êtes le seul capable de réduire votre véritable faim car vous êtes le seul à sentir votre estomac. Si pour étancher votre soif, vous devez recourir aux gens, attendez-vous à mourir de soif. Tous les gens sont occupés à se nourrir aujourd'hui et demain. S'il leur faut vous venir en aide, ils ne le feront que superficiellement.

Les faces cachées des bienfaiteurs

L'égoïsme de l'Homme octroie aux aides que nous apportons trois facettes. L'Être humain est unique et ne fonctionne pas de la manière la plus compréhensible qui soit ; lorsque nous sommes appelés à venir en aide, ces trois petites facettes nous habitent et sont simultanément utilisées.

Ces trois facettes font de nous non seulement des êtres égoïstes mais aussi hypocrites. Nos agissements ne sont pas sincères comme ils peuvent le sembler. Même quand nos agissements ont une apparence noble, leur fond ne l'est pas assurément.

La première facette est celle que nous évoquons chaque fois que nous apportons de l'aide à quelqu'un : l'amour du prochain. C'est la facette la plus petite si l'on considère l'espace que les deux peuvent occuper en nous. Elle n'occupe qu'une infime partie. Plusieurs fois, elle n'existe même pas mais nous l'évoquons plus fréquemment pour tenter de témoigner de notre bonté au monde.

La deuxième facette illustre notre égoïsme naturel évoqué par Vitaly Malkin : la convoitise de se sentir le bienfaiteur de quelqu'un. La plupart des fois, nous sommes plus intéressés par le fait que nous soyons ceux qui aident que par le fait que quelqu'un ait besoin de notre aide.

Nous voulons apporter quelque chose dans la vie des gens pour que nous ne soyons pas inaperçus afin de convaincre notre entourage que nous sommes des bienfaiteurs.

La troisième facette illustre encore notre égoïsme naturel. En effet, lorsque nous apportons de l'aide aux gens nous sommes aussi intéressés par notre propre intérêt, ce que nous y tirons. Nous apportons plus à ceux qui peuvent nous donner plus. Les dons prioritaires sont ceux qui rapportent.

Ces deux dernières facettes nous poussent à vouloir agenouiller ceux qui viennent nous demander. Nous sommes tentés de les contraindre à faire quelque chose de plus pénible ou de moins libertin en contrepartie de ce que nous leur offrons. Un politicien africain offre des tôles ou des tentes aux sinistrés parce qu'il attend d'eux des voix lors des élections ; ces dernières lui rendront plus supérieur et plus riche. Et chacun restera dans son camp, les sinistrés resteront pauvres alors que le politique sera occupé à s'enrichir davantage.

L'égoïsme humain fonctionne tel que chacun pense comment se nourrir d'abord, et pas qu'aujourd'hui. Si vous l'importunez avec votre faim, s'il a un bon cœur, il vous offrira de quoi « ne pas mourir » ; si vous ne pensez pas à vous révolter et cultiver votre propre champ, vous reviendrez demain avec une faim plus agressive pendant qu'il vous offrira la même quantité. Vous reviendrez trop souvent qu'il sera fatigué de vous, il vous obligera alors de devenir son esclave – sauf qu'il ne prononcera pas ce nom – et vous le serez.

Les pays africains ont besoin de la nourriture pour leurs populations, au lieu de se mettre ensemble pour cultiver leurs terres, ils partent quémander isolement chez des nations par réputation les plus riches. Résultat, ils stagnent dans l'embarras des aides, oublient leurs terres censées les nourrir et s'autodétruisent car ne peuvent pas manger à leur faim ; pendant que ces pays riches passent dans le noir pour exploiter les mêmes terres. Vous voyez le niveau d'encombre ?

Lorsque vous vous faites aider fréquemment, sachez que vous offrirez un bien plus précieux que ces aides reçues. Faites travailler votre tête et vos membres pour faire face à vos problèmes présents et prévenir des aléas de la vie. Autrement, vous travaillerez plus pour recevoir moins car les autres penseront à votre place.

Des limites face au mal

Tout être humain est faillible, nous ont enseigné les aînés. Nous commettons plus de mal que nous sommes devenus plus voisins du mal que du bien. Chacun de nous a au moins un mal qu'il commet plus fréquemment et qui refuse de le lâcher. Ça peut être le vol, le mensonge, l'adultère, l'alcoolisme exagéré, l'impudicité, la jalousie, la corruption, l'infidélité, le tabagisme, la malhonnêteté,...

On se dit souvent qu'on va en faire juste pour une fois mais enfin de compte ça devient une habitude, puis une addiction. Vous êtes bien fidèle à votre femme, vous vous dites que vous ferez mieux de goûter à une autre comme font les autres, juste une fois, du coup vous devenez un infidèle et ça reste ainsi. On est alors face à une société où il existe certains maux légitimés, si vous ne les commettez alors que vous êtes censé, vous êtes un raté ; si vous essayez de fuir, vous ne vivez pas dans le monde actuel.

Les gens arrivent jusqu'à se vanter du mal qu'ils infligent aux autres. Ils en commettent tant qu'ils se disent que celui qui n'en fait pas ne peut pas être une personne entière. Mais on n'est pas là, ce dernier cas concerne des gens devenus sans scrupules ni conscience. On parle ici des gens ordinaires qui possèdent chacun au moins un mal dont il n'arrive pas à se séparer.

Il nous arrive tous de vouloir se séparer de quelque chose, en vain. De Il y a un remède à ça, dans tout il faut créer une LIMITE. Créer une limite c'est se dire : « jusqu'à quel niveau dois-je faire ceci ou cela ». Ou même : « jusqu'à quel niveau dois-je accepter de subir ceci ou cela ». Sans limite, nous ferons des choses à l'excès, nous les subirons aussi à l'excès.

Ceci ne signifie pas qu'il faut se permettre de délirer jusqu'à un certain niveau considéré comme limite. Ça veut dire tout simplement que puisque nous ne pouvons pas nous lasser de certains maux, humains qu'on est, limités en actions et faillibles, le mieux que nous puissions parfois faire est d'accommoder des limites dans tous nos actes. Ceci lorsque nous sommes incapables d'arrêter d'un seul coup.

CHAPITRE 3
LES DIFFÉRENCES

Du temps que j'étais encore à la faculté, je connaissais un mec du nom d'Aurélie et qui malgré lui, aimait beaucoup les dessins animés. Comme si le fait qu'il ait un nom de fille n'est pas si étrange que ça, il n'avouait jamais qu'il préférait suivre des dessins animés plutôt que des films pour adulte. « Bon, d'après tout, rien n'interdit aux adultes de suivre des dessins animés... », M'avait-il dit, d'une voix presque coincée dans la gorge, lorsque je l'eus surpris en train de suivre un épisode de Barbie, caché dans sa chambre.

Le plus grand problème est que tout ce qu'il racontait devrait très probablement provenir d'un film pour enfant ou d'un dessin animé. Donc, chaque fois, je me passais déjà de ses balourdises. Il me semblait bien clair qu'il ait compris que je n'étais pas du tout fan de ses conversations du fait que je les préjugeais. Il parlait donc moins chaque fois qu'on se rencontrait. D'après tout, on ne se rencontrait pas très souvent.

Un jour, il me dit qu'il avait une histoire légendaire à me raconter et que c'était vraiment très important, vu qu'il savait que j'étais fan de la littérature, des lettres, de la poésie, etc. Enfin bref, il se convainquait que je serais intéressé d'une façon ou d'une autre. Soucieux d'attirer mon attention, il me dit qu'il venait de la lire dans un livre et qu'il avait oublié le nom de ce dernier.

Lorsqu'il commença, j'étais déjà intéressé parce qu'il avait cité le nom de Midas. Vous le connaissez aussi probablement : Midas le roi de Phrygie en mythologie grecque ; qui avait secouru Silène ayant trop bu et qui avait reçu grâce de Dionysos pour cette hospitalité en lui accordant un vœu. Midas qui demande la faculté de transformer tout ce qu'il touche en or et qui regrette après parce qu'il ne peut plus manger ni boire, etc.

Connaissant très bien cette légende, j'ai pris soin de vouloir l'écouter attentivement. Sauf que, notre Monsieur bien-aimé, va raconter une histoire différente que je commençais à douter de son origine. Je pars faire mes recherches, je me rends compte que mon Aurélie a très fièrement tiré la légende en question dans « Tad et le secret de Midas ». Je vous laisse découvrir de quoi il s'agit. Cela ne m'a tout de même pas empêché d'aimer la légende en question et d'y tirer aujourd'hui un très grand enseignement. J'essaie de la raconter comme il l'avait fait.

Midas, un puissant souverain, faisait la guerre pour la gloire d'Apollon. En guise de récompense, Apollon lui fit don d'un collier d'or constitué de trois médailles détachables reliées entre elles. Quiconque portait ce collier avait illico le pouvoir de changer tout ce qu'il touchait en or. S'il touchait par exemple une fleur, elle devenait de l'or en forme de fleur, même chose pour un rocher, une patate douce, une araignée, une chèvre, un oiseau,... tous devenaient ce métal précieux en gardant leurs formes originelles. La légende dit que Midas amoncela alors d'interminables richesses grâce à ce collier.

Un jour, ce don unique se transforma en malédiction : alors qu'il s'amusait à changer ce qu'il voulait en or, sa fille, encore jeune, vint en surprise l'embrasser. Elle se convertit logiquement en or. Déçu et chagriné, il conclut que l'amour d'un proche ne devrait pas être supprimé par la gloire et la fortune.

Parfois on peut se rendre compte que richesse et souffrance ne doivent pas marcher ensemble si possibilité il y a de rompre avec l'une d'elles.

Midas retourna voir Apollon pour lui implorer grâce. Celui-ci lui ordonna de se débarrasser du collier s'il veut revoir sa fille vivante en chair et en os. Ceci en offrant ce collier en don à trois dieux dans trois temples de son choix à travers le monde. Il devrait choisir entre sa fille ou la richesse. La légende raconte que c'est en renonçant à cet immense pouvoir que Midas ramena sa fille en vie.

Cette histoire m'a personnellement amené à penser sur l'attitude que nous prenons lorsque nous sommes dans l'opulence. Midas possède un don le conduisant à une prospérité illimitée et donc à une gloire permanente, du coup il devient étourdi jusqu'à oublier que ce dit don peut impacter négativement ses proches. Même les situations qui nous sont les plus favorables peuvent nous être funestes si nous oublions qui nous sommes.

Personne ne reste le même face à l'acquisition d'un plus. Nous changeons tous, certains un tout petit peu, d'autres catégoriquement. D'autres encore, comme Midas oublient que la fortune mal employée peut impacter négativement notre vie et celle de nos proches. Elle peut nous pousser même à oublier à quel point ils nous sont utiles et irremplaçables.

Dans plusieurs de formations sur l'intelligence financière dont j'ai eu à fréquenter, l'accent était mis sur le comportement que nous affichons lorsque nous goûtons à ce que nous cherchons. Nous ne le constatons que lorsque c'est déjà irrémédiable ou presque. La plupart de fois, nous changeons négativement face aux personnes que nous croyons être inférieures ou qui n'ont pas encore le niveau que nous avons ; ou encore qui, vraisemblablement ne peuvent rien nous apporter.

Découvrir les différences entre ce que nous devons faire et ce que nous ne pouvons pas échapper est un défi démesuré qui nous est inéluctable. Celui qui arrive à répondre à son devoir d'employé et être là quand sa mère a besoin de lui est un preste combattant. En revanche, celui qui se sent obligé de fermer la porte à ses proches pour mieux exercer son commerce devrait apprendre à gérer les deux versants pour qu'aucun ne souffre.

On peut être passionné par son rêve sans ignorer ceux qui nous entourent. On peut prospérer sans forcément oublier ceux qui semblent loin de la réussite. On peut rêver sans fermer les yeux à une réalité qui semble différente. On peut s'élever sans oublier ceux qui, pour une raison ou une autre, semblent condamnés à vivre en dessous de nous. On peut sourire à la vie sans dédaigner ceux chez qui la vie est encore un désastre ; puisqu'on ne passera jamais dans les mêmes voies, puisqu'on nos timings ne seront jamais les mêmes.

On note également le retour de la conscience de Midas. Il a fait une grosse erreur en s'en foutant de ce qui se passe autour de lui, en n'équilibrant pas richesse et attention envers ses proches. On lui donne une seconde chance qui dépend tout de même de son choix ; il choisit alors de renoncer à ce qui, pourtant, le rend si puissant. C'est là que ça m'a le plus touché.

Les premières chances nous sont données d'une manière presque gracieuse. Les secondes elles, sont octroyées moyennant déjà des conditions. Midas, peut reprendre sa fille, mais il doit renoncer à ce qu'il possède. Ce que vous pouvez bien gérer c'est ce que vous possédez maintenant, sinon, vous paierez cher pour pouvoir uniquement revenir à zéro.

Comme beaucoup de jeunes, je passe aussi une partie de mon temps sur les réseaux sociaux. Ce qui m'y intéresse le plus c'est lire des auteurs ou des entrepreneurs, l'actualité sur mon pays ou sur le continent africain,... C'est en partie pour ça que je suis passé en mode page plutôt qu'en simple compte Facebook, mais bon, ce n'est pas ça le plus important.

Je suis trop souvent des publications textes ou vidéos de ceux qui s'appellent aujourd'hui des coaches en entrepreneuriat, en développement personnel ou en intelligence financière. Certains de ces coaches sont intéressants que personnellement je leur prête oreille chaque fois qu'ils publient. D'autres sont particulièrement délirants.

Beaucoup d'entre eux nous conseillent de nous débarrasser de plusieurs de nos connaissances si nous voulons avancer, de nous éloigner de ceux qui ne réfléchissent pas comme nous en matière de réussite ou de business. Et moi, je trouve désorienté le fait d'associer réussite à la non-compréhension de nos projets par les gens.

Je n'ai jamais été d'accord avec cette théorie, et à moins de trouver vraiment des explications plus convaincantes selon lesquelles la richesse qu'on veut amasser ne marchera pas avec des gens qu'on juge trop inférieurs sur le plan émotionnel, intellectuel ou social ; je ne serai jamais d'accord avec elle. Parce que travailler avec ceux qui pensent comme nous n'est pas incompatible avec parler à ceux qui ne sont pas de la même onde que nous.

Il est vrai que nos connaissances ne remplaceront jamais notre fortune, mais dirons-nous que la fortune elle, remplacerait nos connaissances ? Les deux contextes, quoi que paradoxaux, semblent être les deux faces d'une même pièce que nous devons garder.

Nos différences constituent ou du moins devraient constituer la source de notre complémentarité. Le pouvoir des relations ne sera jamais inferieures à celui des finances. Également, celui des finances ne sera jamais inférieur à celui de nos relations avec les gens. C'est un paradoxe réel avec lequel l'on devra partager le chemin.

Ils nous disent de nous passer des amis ou des connaissances qui ne réfléchissent pas comme nous ou qui sont pessimistes face à ce que nous entreprenons, et c'est là qu'ils nous égarent. Aimer l'argent, c'est sine qua non selon ces théories – et inhumainement – à oublier ceux qui, pour des raisons parfois naturelles peuvent être en dessous de nos lignes de bataille ; tellement le climat financier met des gens moyens à genoux de sorte que nous devons deux fois aimer l'argent pour travailler deux fois plus que les autres. Il arrive que nous y croyions parce que nous ne pouvons pas fixer nos yeux en dehors de nos intérêts directement en trait avec le lucre.

Idolâtrer l'argent au point que nous lui laissions le pouvoir de nous séparer de ceux qui nous sont chers est la meilleure voie et surtout la plus courte d'éjecter en nous le côté humain. Les gens ne sont pas obligés de suivre nos pas, ni de comprendre ce qu'on leur dit, ni moins encore de faire ce que nous leur suggérons. Tout simplement parce qu'ils ne sont pas nous, parce que nous ne sommes pas les mêmes.

C'est de la même manière que nous ne comprenons pas toujours ce qu'ils nous disent. Nous ne pouvons pas toujours faire ce qu'ils nous suggèrent, nous ne sommes pas obligés de laisser se derouler les choses selon leurs souhaits.

Ce sont ces différences qui font de nous une société intelligente, multi-face et pleine des potentielles. L'ensemble de ces différences font de nos sociétés un tout qui possède multiples facettes qui fonctionnent harmonieusement entre elles.

Certains coaches nous conseillent à tort de nous débarrasser de ceux qui ne sont pas comme nous ou qui ne comprennent pas notre façon de faire de peur que nous ne soyons affecter par leur spleen pessimiste. Ils nous disent même parfois de continuer de nous approcher de ceux qui sont plus grands que nous en termes d'accomplissements.

Mais je me demande, si tout le monde se débarrasse de ceux qui ne sont pas du même niveau social que lui, même ceux dont le but est de s'approcher des supérieurs se verront écartés par la même théorie. C'est donc ça le monde dans lequel nous vivrons. Pourtant, nous devons apprendre à vivre avec ce qui est contraire à nos convictions, c'est même ça qui donne à ces dernières la raison d'exister. Peut-être que, c'est parce que certaines personnes tolèrent à leur tour notre incertitude face à leurs évidences qu'elles nous approchent sans nous méjuger. La vie telle que nous l'imaginons est complète par les différences qu'il y a entre nous dans toutes nos interventions.

Une bonne vie est un équilibre entre ce qu'on croit et ce qu'on ne croit pas, ce qu'on sait et ce qu'on ne sait pas, ce qu'on a et ce qu'on n'a pas, ce qu'on pense et ce qu'on ne pense pas, ce qui nous est possible et ce qui ne peut pas l'être. Et à chaque fois, nous ne sommes concernés que par le premier cas ; le second regarde les autres. Ce qu'on pense est ce qui nous appartient, mais ce qu'on ne pense pas peut être ce que les autres pensent. Le mélange entre ce qui est en nous et ce qui n'est trouvable que chez les autres, donne la complémentarité qu'il existe entre nous en tant que société.

Si quelqu'un peut se battre pour devenir numéro un dans un groupe, c'est parce qu'il y a des gens ce domaine dans le groupe, qu'il doit vouloir dépasser. S'il vous faut apporter des solutions à un problème spécifique de votre communauté, c'est parce que vous existez dans cette communauté. Et cette communauté est parfois caractérisée par des dissensions absolues avec ce qui est pourtant véridiques et importants. Vous ne pouvez prétendre vivre épanouis si vous voulez vous passer des désaccords.

La complémentarité vous éloigne de certains dangers

L'une de plus grandes expériences que j'ai acquise dans le monde de marketing relationnel, c'est bien la réalité selon laquelle les gens peuvent penser différemment les uns des autres selon des perceptions, des visions, des objectifs, des voies et des moyens. Et tout cela peut changer soit par des séances de formation, soit par un changement brusque à l'intérieur de l'Homme ou soit par l'acquisition d'expériences créées par des échecs ou par une volonté d'avoir mieux.

Votre copain le plus proche peut avoir la vocation d'électricien alors que vous avez celle de fabricant des savons. Au lieu de vous casser la tête entrain de l'explique l'importance d'abandonner sa vocation pour suivre la vôtre, montrez-lui la chance que vous avez s'il devient l'électricien de la savonnerie que vous créerez ensemble.

Les entreprises formées par les gens qui se connaissent ont plus de chance de prospérer. La force du lien qui vous unit depuis de longues dates est la même qui vous pousse à devenir plus grands ensemble. Oublier vos proches parce que vous avez trouvé mieux vous met en danger, travailler avec eux vous met à l'abri des conflits infructueux. Vous avez plus de chances du lutter contre une chose lorsque vous la touchez fréquemment que lorsque vous éloignez.

Vous ne serez pas ami de tout le monde, vous ne serez pas bon envers tout le monde ni bien vu par tout le monde, mais vous pouvez être la même personne avec tout le monde. Parce que la vie est faite des possibilités nous accordées par le temps, les vôtres peuvent avoir été ouvertes avant les autres mais aucune porte n'est fermée pour personne. En tout cas il n'y a pas de crédo qui tienne à ce sujet. Vous devez donc découvrir votre moment sans tourner le dos à ceux qui attendent encore le leur. Vous n'êtes pas le plus intelligent ni le plus doué ni moins le plus chanceux, vous avez uniquement atteint le juste noyau votre tour.

Lorsqu'une personne remarque que vous vous passez d'elle, vous créez en elle une sorte de révolte. Elle se sent obligée de vous prouver que vous n'aurez pas dû, qu'elle n'a juste pas encore trouvé sa vraie place, que la vie ne tourne pas autour de vous, qu'elle peut évoluer sans vous,... En d'autres termes, vous le contraignez indirectement à se sentir ulcéré, à se comporter en oiseau blessé qui ne doit pas perdre ou qui doit obligatoirement réussir. Il sent en lui la rage de vaincre quelque chose de négatif qu'il ne connaît même pas. Ce n'est pas forcément qu'il se sent avoir une dette de réussir, il croit juste qu'il doit le faire pour vous prouver quelque chose.

Rester vous-même face à tous ne vous donne aucune garantie qu'ils vous seront bienveillants en retour ou qu'ils seront textuellement comme je l'explique ci-haut ; c'est malheureusement des complications avec lesquelles nous sommes tous appelés à vivre. En face des situations complexes, faites ce qui vous est possible et laissez ce qui ne dépend pas de vous marcher comme tel. Sans devenir un objet pour tous vos proches et en dehors de mettre en danger vos rêves ou vos objectifs, soyez tout simplement vous-même ; c'est ce que vous êtes capable de faire.

La vie ne se soumet jamais à nos exigences. Lorsque vous faites votre part, le temps aussi fait la sienne selon les possibilités qu'il a prévu pour vous. Mais votre part n'énonce pas celui du temps.

Lorsque vous avez créé en une personne ce sentiment de délaissé, elle vous étudie de près, ce qui crée deux probabilités. Si elle réussit dans sa conquête, elle concurrence très sévèrement votre œuvre. Si elle ne réussit pas, elle vous concurrence en personne. Dans tous les cas, vous serez plus en danger qu'avant.

En définitive

Il peut arriver que les dissimilitudes qu'il y a entre vous et les autres vous mettent mal à l'aise, pour des raisons qui vous sont difficiles à contrôler. Vous n'avez pas envie de leur laisser vous approcher ou de leur laisser une chance pour une raison qui n'a rien de noble : vous pensez que vous êtes supérieur ou que vous n'avez pas de chance d'évoluer à leur côté,... En Marketing relationnel, nous avons appris que les gens qui semblaient n'avoir pas de ressource sont ceux qui nous joignaient la plupart de temps.

Si nous décidions de les écarter, nous nous retrouvions sans équipe et donc sans business. Les personnes qui semblaient ne pas être intéressé étaient de bons prospects que ceux qui donnaient un oui subit ; les prospects qui étaient les moins considérés car mal habillés, les handicapés ou les personnes marginalisées comprenaient très facilement nos projets. J'ai alors constaté que parfois notre extérieur est bizarrement contradictoire à notre intérieur à cause des coups que nous inflige la vie. Juger une personne et décider de l'écarter à cause de ses incapacités ou de sa position défavorable actuelle est la plus grande balourdise que nous pouvons faire.

Je me souviens que mon tout premier filleul dans le marketing relationnel était une camarade à la faculté. Un dimanche, lors d'une grande conférence dans une de plus grandes salles de ma ville natale, j'avais invité plus de cent personnes comprenant des professeurs, des mecs du quartier toujours bien sapés, des camarades qui ne pouvaient pas manquer les quelques centaines de dollars d'adhésion, de chefs de bureaux influents dans la ville, mais aussi des personnes qui semblaient ne rien avoir de spécial que j'avais invité simplement pour tenter la chance,... je pensais que les premiers à venir seraient ces personnes hautement placées susceptibles de comprendre mieux les projets, des diplômés d'université ou ces jeunes toujours élégants tellement la salle était chic et bien connue.

Parmi les quelques quinzaines de personnes venues, il n'y avait pas de diplômés d'université ni de chefs de différents bureaux, seulement cette camarade d'université qui était venue avec quelques membres de sa famille biologique, un journaliste bloggeur qui, d'ailleurs venait seulement vérifier si notre projet existait bel bien, des gens qui n'avaient pas l'allure d'être intéressés,... bref, je surestimais les gens par rapport à leur rang ou leurs niveaux et ce jour-là plusieurs illusions qui m'habitaient sur la compréhension de l'être humain avaient quitté ma tête.

J'avais conclu que peu importe le niveau que nous pourrions avoir dans le business, nous devrions approcher tout le monde, de toute catégorie. J'avais constaté que nous pouvons essayer de vivre avec certains aspects des choses que nous n'approuvons pas, sans rien soustraire à nos propres convictions. La fortune que nous avons tous envie de posséder n'occupe qu'une partie de la vie que nous rêvons de mener, l'autre partie est occupée par plusieurs autres procédés complexes que nous ne pouvons pas acheter.

Dans tout ce qui se passe autour de nous, peu importe ce à quoi ressemble l'atmosphère, qu'importe le niveau de notre contrôle, que nous l'agréions ou pas, il y a toujours une partie que nous ne pouvons pas contrôler à notre guise.

« J'estime qu'il peut être vrai que la fortune soit maîtresse de la moitié de nos œuvres, mais qu'elle nous laisse aussi gouverner l'autre moitié ». – Machiavel

Parfois nous pensons que c'est de l'argent dont nous avons besoin alors qu'en réalité, nous avons besoin du bonheur. Il se trouve que cet argent que nous recherchons n'est qu'un versant de la montagne qu'est le bonheur. L'autre versant est occupé par autre chose.

Le vrai bonheur dépend à moitié de nous : ce que nous sommes à l'intérieur de nous et ce que nous avons ; l'autre moitié réside dans d'autres aspects de la vie. Ceux qui ont suffisamment d'argent n'ont en réalité que 50% de leur réussite en termes de bonheur, l'autre moitié est plus complexe et se trouve dans ces petits agissements, simples et rationnels que nous faisons chaque jour. C'est l'une de plus grandes complémentarités de tous les temps.

DEUXIÈME PARTIE

ACCEPTER

Un homme d'une vingtaine faisait compagnie à son grand-père qui venait d'atteindre un siècle et une dizaine d'années en âge. En fait, c'était l'âge dont se rappelait le vieux, il devrait donc avoir plus que ça. Regardant avec attention son grand-père, il se posait beaucoup de questions. Il se demandait comment ce vieillard eut parvenu à atteindre cet âge alors que tous ceux avec qui il a grandi, tous ceux qui le connaissaient en sa génération ne sont plus là. Une fois qu'il fit part de ce tourment à son vieux grand parent, celui-ci répondit par une phrase qui ne lui était pas familière : « Une vie épanouie et avec moins d'anxiétés se résume en un seul mot : ACCEPTER ».

Accepter qu'on soit le plus pauvre d'un groupe fait baisser votre niveau de jalousie particulièrement téméraire et vous fait sentir vous-même ; accepter qu'on soit le moins intelligent dans un domaine au lieu d'envier sans logique vos camarades vous fait travailler sur vous-même et vous fait découvrir en quoi vous êtes excellent ; accepter que le pays ne va pas bien pour un politique au pouvoir est un véritable exploit et lui fait découvrir ce qu'il n'a pas encore bien fait.

Accepter qu'on est un grand froussard vous aide à en découdre avec la peur qu'il y a en vous et qui vous secoue de la poitrine au ventre chaque fois que vous voulez passer en action ; accepter qu'on n'est pas au même niveau que tel mais qu'on ne doit pas trop se casser la tête est un grand pas vers l'indépendance de la pensée ; accepter d'avoir commis quelque chose de mal vous fait libérer du mensonge pour que prochainement vous ne puissiez pas faire les mêmes bêtises ;...

CHAPITRE 4

LE PASSÉ

Vous souvenez-vous de ces moments inoubliables qui ont changé tout dans votre vie ? De ce jour après lequel vous avez eu l'intention d'être une tout autre personne ? De ces erreurs qui vous ont coûté cher jusqu'à perdre complète envie de revenir vous-mêmes ? De ces bêtises de jeunesse qui vous coûté toute votre légitimité vis-à-vis des gens ? C'est là donc que nous allons commencer cette partie.

J'ai pu rencontrer des personnes qui regrettent les premiers jours qu'ils ont fumés, les premiers jours qu'ils se sont drogués, qu'ils ont fait le sexe, qu'ils ont été infidèles à leurs conjoints ou conjointes, qu'ils ont connus des personnes qui ont dramatiquement bouleversé leurs carrières, etc. Ils ont l'impression que c'est ce jour que leur vie a basculé, ils sont persuadés qu'ils sont maintenant des personnes différentes et qu'ils n'ont plus droit à cette ancienne vie dans laquelle ils étaient mieux vus par leur entourage.

Et c'est là que tout devient plus compliqué, ce qui suit est plus amer. Ils se condamnent alors à cette vie qu'ils détestent pourtant. Ils haïssent le jour qu'ils se sont drogués pourtant le fait de se sentir irrécupérables les enfonce davantage dans la même vie. Tout devient clair. Ils savent qu'ils sont condamnés à vivre ainsi peu importe les quelques changements qui peuvent intervenir dans leurs « misérables » vies.

Il n'y a pas si pénible perte de temps que celle de regretter ses erreurs, des erreurs qui ne peuvent plus être effacées mais qui peuvent servir de leçons. Plus tard on se rend compte qu'on a construit sa personne grâce à ces multiples erreurs sauf si on passe toute sa vie à regretter d'en avoir commis.

ACCEPTER les premières fois que vous avez commis des erreurs vous aide à les surpasser et surtout à ne pas rester coincé dedans. Vous pouvez vous condamner, c'est normal. Maintenant que ça fait partie de votre passé, faites-en une raison de plus pour vous donner une chance de ne pas y stagner. Chaque fois que l'on m'a condamné dans le passé, à tort ou à raison, j'estime que j'ai quelque chose de bénéfique à y tirer. L'innocuité ne produit pas forcément le droit à la non-condamnation. On peut ne pas être l'un des acteurs principaux et être un acteur indirect. La seule importance capitale du passé est qu'il nous sert à ne pas commettre les mêmes erreurs tous les jours.

Le passé est un jaloux passager qui sait qu'il n'a que peu de chances de revenir dans votre vie. Si vous le laissez approcher, il vous gâchera aussi la seule chance que vous avez de corriger vos erreurs passées. On l'appelle « passé » parce qu'il ne peut revenir dans votre vie que si vous le décidez.

J'ai observé ces personnes qui ont prospéré, qui ont une vie qu'on peut estimer aujourd'hui exemplaire et je me suis dit qu'en réalité le passé ne sert qu'à une chose : constituer une référence pour façonner un présent épié et un avenir magistral quoi que incertain. Le plus grand gêne du passé, est qu'il est scellé, on ne peut plus le modifier. Il cherche alors à son tour à nous contrôler par les traces qu'il nous a laissées. L'avenir lui, n'existe pas encore, on ne sait même pas le jour qu'il existera. Il n'y a pas un jour, un mois ou une année qu'on dénomme AVENIR. Le seul moment qu'on a entre nos mains et qu'on peut contrôler, c'est le présent. Le présent est notre seule chance de façonner notre propre histoire, de l'écrire sur une feuille que nous aménageons nous-même, si nous ne la saisissons pas nous n'aurons jamais une autre.

CHAPITRE 5

LA SITUATION

« Si vous ne prenez pas votre vie en main, personne ne le fera à votre place ». – Emmanuel Bagula

La vie telle que nous l'imaginons dans nos plus grandes épopées est faite des niveaux. Ça sera toujours ainsi que nous le voulions ou pas. Nous ne serons jamais les mêmes, nous ne serons jamais du même échelon que ce soit économique, social, financier, intellectuel ou émotionnel ; même lorsque nous vivons côte à côte. L'énigme est que chaque fois que quelqu'un est faible sur un point, il est fatalement fort quelque part dans sur autre. Vous vous sentez inférieur parce qu'au lieu d'étudier vos capacités, vous passez du temps à mesurer vos incapacités par rapport aux habiletés des autres personnes.

Connaître votre niveau actuel ne suffit pas, l'accepter vous aide à vous situer sans forcément prendre quelqu'un d'autre pour exemple. Vous êtes l'exemple qui fonctionne le mieux pour vous-mêmes lorsque vous devez prendre en main votre propre vie ; et vous ne pouvez pas prendre votre vie en main lorsque vous ne pouvez pas accepter votre situation ; elle n'est pas scellée, vous pouvez la modifier si vous ne jetez pas vos responsabilités sur d'autres personnes.

Vous êtes le seul qui peut vous comprendre à votre juste valeur. Vous êtes le seul qui, par la volonté, peut gérer votre vie de la manière la plus rationnelle possible.

Accepter son niveau actuel est un début non dérisoire. Accepter sa situation n'est téméraire que lorsque votre échelon réel étanche votre soif de progresser. Lorsque vous vous contentez de ce que vous avez, vous stagnez, vous suffoquez votre évolution. La connaissance de votre situation ne vous aura donc aidé à rien. Inversement, c'est un début du changement.

Accepter vos problèmes

Norman Vincent Peale, un des plus grands auteurs de la pensée positive, avait reçu un jour la visite d'un homme qui avait, parait-il, des problèmes qui l'embêtaient de sorte qu'il voulut s'en débarrassait définitivement.

« Docteur, j'ai tellement de problèmes, je ne sais pas comment y faire face. Donnez-moi une solution. » Dit l'homme.

Peale répondit : « Si je comprends bien vous aimeriez trouver un endroit où l'on n'a pas de problème? »

« Oui, c'est cela. Répondit l'homme. Je suis prêt à donner tout ce que j'ai pour cela. »

Peale lui fit alors une révélation plutôt inattendue : « Ce n'est pas nécessaire, je vais vous amener à un endroit où personne n'a de problème. A dire vrai, il y a là 15.000 personnes qui n'ont plus de problème ». Contre toute attente, il le conduit au cimetière le plus proche!

La vie entière est un contenant des problèmes interminables. Nous passons toute notre vie à nous occuper des problèmes car ceux-ci passent toute leur vie à nous embêter. Les problèmes sont comme des parasites, ils vivent de nos vies, ils respirent par nos poumons. Ils ne meurent que lorsque nous mourons. Prendre en main votre vie, c'est d'abord accepter que vos problèmes sont liés à votre présence ici sur Terre ; quoi que vous entrepreniez. En réalité, pour se débarrasser d'un obstacle, il faut accepter la probabilité que surgissent un ou plusieurs autres.

Vous avez résolu le problème de chômage, attendez-vous à de milliers d'autres attachés à la vie de salarié. Le célibat vous a saoulé depuis longtemps, maintenant que vous vous mariez, sachez que la vie dans le mariage pourra être plus embêtante. Vous n'avez pas d'occupation, maintenant vous aimeriez créer une entreprise ; sachez que la vie d'entrepreneur n'est pas un éden, les problèmes changeront simplement de noms ou de natures, mais ils vous resteront fidèles.

Chaque fois, la résolution d'un problème est un début d'un ou plusieurs autres. Certains d'entre nous aimeraient bien être à la place des autres, convaincus que ces derniers ont des problèmes moins encombrants. Les petits veulent grandir pour être plus considérés, les plus grands aimeraient rajeunir par peur de l'usure qu'offre la vieillesse. Les femmes pensent que les hommes ont moins de problèmes pendant que ces derniers sont convaincus que toutes les impasses de la vie reposent sur leurs épaules. Dans tout ça, chacun à des problèmes propres à lui qu'il cherche à décoller de son dos.

Tâchez de découvrir quels sont vos véritables corvées et les accepter. Seuls les problèmes vous montrent jusqu'où vous êtes capable de lutter. CARL G. JUNG a dit : « Ce n'est pas en regardant la lumière qu'on devient lumineux, mais en plongeant dans son obscurité. Mais ce travail est souvent désagréable, donc impopulaire ». Ce n'est pas en vous exposant au soleil que vous découvrirez le niveau de votre luminosité mais c'est bien en acceptant de vous plonger dans une obscurité totale. Vos problèmes sont vrais et liés à votre vie, les accepter est un pas vers leur résolution et surtout vers la responsabilité.

Ce qu'il y a de plus drôle est que, chaque fois vos problèmes ne constituent qu'une infime partie de l'ensemble des problèmes qu'il y a dans votre entourage. Chacun de nous a ses propres impasses qui le rendent si occupé du matin au soir, cherchant sans cesse des solutions. Et plus vous avancez, plus les problèmes deviennent plus matures. Plus vous obtenez des solutions, plus ils s'endurcissent.

Lorsque j'étais à l'école secondaire, je croyais que ceux qui étaient déjà à l'université avait de l'avantage parce qu'ils pouvaient faire ce qu'ils veulent sans aucun fouet. Une fois à l'université, j'oubliai déjà les avantages de l'université car j'avais remarqué qu'en fait, plus j'avançais plus ces libertés devenaient infimes du fait que les responsabilités devenaient plus pesantes. Ces responsabilités s'entassent pour former une croix que vous devez porter quoi qu'il passe. Parfois, vous pensez que vous avez de gros problèmes alors que c'est parce que vous n'avez pas encore vu ceux qui vous attendent.

Il n'y a aucune autre personne qui doit porter vos anicroches, dès lors que vous devenez adulte, vos tourments appartiennent à vous seul. Ni le gouvernement qui n'accomplit jamais ce qu'il promet, ni vos parents qui vous aiment beaucoup, ni vos frères et sœurs occupés aussi par leurs propres ennuis, ni moins encore vos soit disant amis qui, en réalité voudraient vous voir moisir davantage ou votre patron insupportable ; ne peuvent s'impliquer considérablement pour éradiquer vos soucis. D'ailleurs, ils ne les connaissent que superficiellement.

Lorsque vous acceptez votre situation, même ceux qui semblent tout avoir vous envient. Vous prenez soin de vous en utilisant le plus prudemment possible les ressources en votre possession, peu soit-elles ; vous êtes calme dans votre coin, sans déranger personne ; vous demandez moins d'aides et vous supportez avec littéralité votre croix, ayant compris qu'elle est pour vous une cure.

Du coup, de l'extérieur, tous vos problèmes sont vus comme faciles et parfois quasiment inexistants. Les gens croient que vous avez plus que ce que vous revendiquez, vous êtes serein. Parfois, ils disent que vous avez moins de problèmes, qu'ils sont mal positionnés que vous tout simplement parce que vous pleurez moins.

Vous savez à quel point la vie que vous menez est ardue mais vous restez placide car vous savez où vous êtes, vous mettez au point des remèdes plus appropriés à votre situation. Vous savez qu'il vous faut plus de temps et c'est pour ça que vous êtes si tranquille, si insoucieux face à la façon dont le monde voit vos conditions présentes.

Quoi que nous soyons en train de vivre actuellement, l'extérieur peut sembler intéressé mais en réalité, pour le monde, nos encombres sont inutiles si nous ne pouvons pas les soigner nous-mêmes. Lorsque nous pleurons dans les bras des gens, les plus doux d'entre eux étrillent nos plaies sans les guérir.

La seule personne à souffrir de vos plaies c'est vous-même, si vous n'êtes pas assez fatigué pour les guérir, elles continueront de vous soûler. Tout le monde a ses embarras et ses corvées, si vous ne pouvez pas vous occuper des vôtres, il est fort probable que vous restiez à la même place pour toujours.

CHAPITRE 6

ÇA NE MARCHE PAS

On aime la vie, on aime tous bien vivre, on aime tous avoir une vie confortable et – pour ceux qui sont ou seront des parents normaux – on aime tous que nos enfants aient un avenir épanoui. Pour ça, nous nous lançons dans des aventures parfois fructueuses, parfois stériles.

Je vais vous parler cette fois d'un ami avec qui on partage des quêtes entrepreneuriales. On a assez essayé ensemble qu'on se comprend facilement. On s'est connu à l'école secondaire, puis on a partagé pas mal de businesses en ligne, parfois bidons, parfois sérieux, on a monté plusieurs projets,... Bref, côté business, on se connait.

Une fois on avait adhéré dans une société internationale de marketing relationnel où au début ç'avait plutôt une allure garantissant. Sauf qu'en un moment donné, tout semblait s'effondrer pour des raisons logiques selon lesquelles la compagnie avait alourdi les conditions d'adhésion et allégé son système de compensation de sorte que les gens pouvaient investir plus d'argent qu'avant mais gagner moins qu'avant.

L'investissement minimum était devenu grand alors que les gains n'avaient pas été revus à la hausse. Il était donc devenu assez difficile d'accroître nos équipes vu que la conjoncture ne permettrait pas aux gens de joindre le projet. Nos équipes se sont logiquement effondrées, nos revenus ont chuté et tout notre élan avait dégringolé. Si vous êtes informé, en MLM, pas d'équipe pas de développement et par conséquent pas de business.

Mais comme il fallait qu'on reste motivés pour maintenir le cap et ne pas décourager le peu de downlines qui nous restaient, on réessayait pendant des mois à relever ce grand défi, à redynamiser notre business, sans résultats. Nous avions beaucoup essayé, croyant que nous devrions revoir tous nos plans sans que nous rendre compte, il nous était devenu presqu'impossible de progresser à cause des contraintes susmentionnées.

Un jour, je suis allé vers lui et lui ai dit : « frère, parfois il faut ACCEPTER que ça ne marchera pas ». On n'a pas abandonné nos rêves, mais on a dû changer nos voies et moyens, convaincus que la persévérance dans l'utopie s'appelle PERTE DE TEMPS. De fois nous nous efforçons dans des trucs qui ne marcheront que si nous changeons nos voies et moyens utilisés au départ.

Nous avions alors changé de société et ç'avait marché, on était entré plus mûrs et plus expérimentés. En un mois, dans la nouvelle compagnie, j'avais réussi à construire une équipe de 50 personnes alors que je m'étais fixé un objectif plus petit en me basant sur ma chute dans la première société.

Recommencer n'est jamais facile, mais c'est souvent la seule chance qu'on soit obligé de saisir pour reprendre tout en main. La persévérance est un couteau à double tranchant : elle nous est utile lorsque nous sommes sur une bonne voie mais peut nous couler quand nous faisons fausse route.

Le plus dur dans tout ça, c'est le facteur TEMPS. Le temps ne passe pas, c'est votre temps qui passe. Tout dépend de ce que vous en faites, mais en tout cas il passe, que vous en fassiez bon usage ou pas. Parfois ACCEPTER que ça ne marche pas est votre seule clef. Vous avez tellement la bonne volonté de ne pas admettre que les échecs fassent partie de votre parcours que vous êtes obsédés à continuer.

Vous êtes tellement accro à l'idée de ne pas perdre votre mariage que vous ne pouvez pas croire qu'un mariage est un contrat qui peut marcher ou pas. Vous souffrez alors, votre partenaire est intenable, il (elle) vous fait traverser des rivières infernales où vous échouez sans vous noyer, vous savez que ça ne marche pas mais vous refusez d'y croire.

Résultat, vous avez des stress extrêmes en vous qui vous érodent le cerveau, des maladies qui se créent ; que vous pouvez éviter si vous ACCEPTEZ que ça ne marche pas. Vous aviez un rêve d'avoir un mariage modèle, mais vous êtes de loin à côté, vous ne devez pas renoncer à ça, mais peut-être il vous faut juste accepter que vous ne soyez pas en face de la bonne personne, en face de ce à quoi vous aimeriez donner votre énergie.

Le mal ronge les deux parties : celle qui commet et celle qui subit. Mais celle pour qui c'est injuste, c'est celle qui n'en est pas auteure. Vous ne pouvez pas être une victime éternelle. Continuer de croire à ce qui ne peut pas marcher c'est continuer de porter une croix qui n'en vaut pas la peine.

N'ayez pas peur de revoir vos voies ou vos moyens, vous pouvez avoir faussé dans vos choix, tant que vous demeurez avec la même envie d'avoir un mariage de bonheur ; vous pouvez admettre que ce n'est peut-être le bon tour. Tout dépend bien sûr de vous.

C'est injuste d'être la victime, ACCEPTEZ que votre pas soit allé vers un trottoir infect, reprenez vos deux pieds et avancez dans un tout nouveau sentier. Ce n'est jamais facile, ce n'est jamais simple, mais ce qu'on subit déjà est plus douloureux que ceux qu'on n'a pas encore subi. On ne peut pas avoir le contrôle sur ce qu'on a déjà subi, on peut l'avoir sur ce qu'on n'a pas encore subi.

C'est donc plus faisable de quitter une relation qui ne peut pas marcher que d'espérer à tort qu'elle change si on y accorde un temps supplémentaire. A force d'être sous le choc, il est normal qu'on n'ait plus envie d'essayer mais rester dans un abîme est plus suicidaire. Ceci pas seulement parce que c'est naturel d'échouer, mais parce qu'aussi c'est assez long de toujours attendre alors que la vie est limitée dans le temps.

Il en va de même dans notre boulot, des chefs qui nous obscurcissent la vie, des collègues qui se foutent de notre développement,... Parfois, rester est le choix le plus hostile.

Persévérer fait parfois perdre ses opportunités

Une maman était Directrice d'une école primaire depuis une trentaine d'années. Pendant tout ce temps, elle vivait sous des menaces graves de la part de ses supérieurs. Chaque fois que ses supérieurs étaient changés, c'était la naissance de nouvelles craintes car elle s'attendait à la révision de la façon de travailler, à la révision des procédures ou à l'apparition de nouvelles contraintes. Et chaque fois ça empirait.

Elle ne restait sur le poste que parce qu'elle n'était pas prête d'abandonner son précieux boulot en dépit des désœuvrements interminables, et les quelques fois où l'on avait voulu la remplacer, ce n'était ni facile ni possible. Elle fit donc une bonne trentaine d'années de stress et d'instabilité. En plus elle ne gagnait pas grand-chose parce qu'en pratique elle n'avait rien investi pendant toute cette période.

Un jour elle rencontra une de ses camarades de lycée, alors commerçante, qui lui parla de sa vie et de ses réalisations. Attirée et soucieuse de pouvoir changer sa situation financière, elle fut tentée de mettre fin à cette carrière de Directrice presqu'inféconde. Une fois la proposition d'être remplacé réapparue, elle accepta sans tournoyer. Avec la somme qu'il reçut en termes d'indemnité, elle décida aussi de débuter une toute autre carrière.

A sa grande surprise, en moins d'une décennie, elle fit plus d'argent qu'en trente ans de carrière de Directrice. Elle avait déjà perdu de force, elle était vieille et ne pourrait plus aller plus loin. Elle a donc constaté que si elle acceptait depuis longtemps que la carrière de Directrice ne marchait pas, elle aurait trouvé une solution qui la mènerait peut-être plus loin.

On nous conseille souvent de ne pas abandonner, mais de fois la seule chance qu'on a, est d'abandonner. Sauf que dans ce cas précis, on n'abandonne pas ses rêves ou ses objectifs mais on accepte la mauvaise posture dans laquelle on est trempée et on la change en reculant un tout petit peu.

CHAPITRE 7

ON NE SOIT PAS AU NIVEAU

Dans ce processus où accepter est la clef, l'on se rendra compte que c'est plus facile d'accepter une pente positive que celle négative. Pourtant, les côtés négatifs, une fois révélés nous montrent la version la plus authentique de nous-mêmes que des qualités qu'on possède déjà.

Tout Homme est comme une montagne : il possède un adret et un ubac. Mais nous sommes souvent plus attirés par le côté ensoleillé que celui enfui dans l'ombre. C'est pour ça que nous ne changeons pas facilement.

La première fois que l'on me fit passer sur l'estrade comme conférencier, j'ai fait l'un de plus moches exposés de tout le temps. Par coïncidence, un confrère a fait un exposé similaire le jour suivant, peut-être le pire.

Ce qui a fait la différence entre moi et lui dans les jours suivants, est que moi j'ai compris que je n'étais pas à la hauteur et que je devrais réétudier ma présentation, personne ne me l'a dit ouvertement – les humains, on n'est pas doués à dire une vérité déplaisante peu importe son importance – mais via quelques commentaires, j'ai dû comprendre que je n'étais pas à la hauteur de ce qu'on attendait de moi.

Qui recule saute mieux, dit le dicton. J'ai pris donc un peu de recul pour retravailler sur moi en commençant par les points les plus négatifs. Je suis parti lui dire que nous devrions nous entraîner avant de remonter sur le podium mais il ne semblait pas intéressé puisqu'il refusait d'admettre ses incapacités. Résultat, après plusieurs prestations, le comité l'avait disqualifié.

J'étais revenu quelques temps après et j'avais déjà un meilleur niveau. Admettre qu'on ne peut pas bien faire les choses ne signifie pas les abandonner ; par contre, vous vous permettez de retravailler pour vous améliorer. Les connaissances qui m'indiquent où j'ai dérapé sont parmi celles que je respecte le plus.

Il y a un temps, j'avais initié un jour une conférence en ligne en utilisant un groupe Whatsapp pour un business qu'on débutait avec les amis et tout le monde ou presque, avait admiré ma façon de présenter le projet à un public sélectionné sur les réseaux sociaux Facebook, Whatsapp et Instagram.

Après plusieurs séances, une personne que je connaissais bien m'avait appelé depuis la ville de Goma pour me montrer mes dérapages dans ces conférences en ligne. Dans ma tête, j'avais pensé qu'il était jaloux de moi et essayait de me faire perdre l'élan. J'en avais parlé à un ami et lui aussi m'avait dit la même chose.

A ma grande surprise, le jour où cet ami était programmé pour faire la conférence, il avait présenté un peu comme moi mais en tenant compte de toutes les remarques que m'avait données cette personne de Goma. Du coup, j'avais compris que les bons amis vous parlent plus de vos défauts que de vos qualités. Les mauvais vous montrent que vous êtes déjà assez bon pour que vous ne continuiez pas de vous améliorer. Je ne dis pas qu'il faut approuver les 100% remarques, il faut simplement essayer de comparer les résultats aux remarques.

Je me suis alors dit que connaître ses défauts est un raccourci vers le développement personnel. Les qualités nous font admirer mais elles nous aveuglent ; admettre qu'on n'est pas à la hauteur est un clignotant sérieux pour un progrès. Certaines choses sont tout simplement fatales, vous pouvez refuser de les admettre aujourd'hui mais elles vous forceront demain. Souvent se dire : « bon, pour cette fois, je suis nul » est un médicament le plus curatif pour apporter des solutions.

CHAPITRE 8

ÇA NE SE SOIT PASSÉ COMME PRÉVU

Vous vous êtes croupi pour bâtir une relation amoureuse plus raide mais à la fin, vous êtes détrôné et éjecté ; vous essayez d'être un bon parent mais vous avez toujours ce sentiment de demeurer le parent le plus nul de la planète ; vous avez tout fait à la fac mais vous êtes toujours en bas du tableau ; vous vivez dans une famille où personne n'accepte ce que vous êtes où on ignore vos problèmes peu importe ce que c'est ; vous avez tout fait pour convaincre votre patron de vos compétences mais à la fin il vous vire au profit d'un grand incapable de sa famille biologique,... vous construisez tout, vous espérez le meilleur mais vous n'obtenez que des résultats baroques, vous avez une allure plutôt sordide depuis que vous pensez prendre tout en main.

En fin de compte, vous prenez tout comme du « déjà vu » tout en ayant aucune foi, vous avez tellement de déception que vous détestez qu'on vous en parle, vous avez tellement repris des parcours à zéro que vous pensez que vous n'êtes pas fait pour progresser et prospérer. Eh bien, peut-être que vous surestimez vos atouts, ou peut-être que vous sous-estimez la rudesse de la vie.

Peut-être que ce qu'il vous faut c'est simplement ACCEPTER que dans la vraie vie ça ne se passe que rarement comme prévu. Ce qui ne dépend pas de nous ne devrait pas nous stresser, vous pouvez améliorer ce que vous contrôlez mais vous ne pouvez pas le faire sur ce qui vous échappe.

Le monde que nous nous créons au fond de nos plus grandes imaginations, ces avenirs radieux dans nos pensées utopiques que nous façonnons, n'ont rien à avoir avec ce que nous vivons. A côté du fait que nous devons espérer qu'il y ait une possibilité de réaliser à de forts pourcentages ce qu'il y a dans nos rêves les plus excitants, nous devons aussi admettre que la nature des choses peut nous imposer une direction exactement non identique à celle sur quoi on comptait. C'est cela même la vie.

ACCEPTER cette réalité, c'est se donner une chance de refaire, encore et encore jusqu'à ce que ça tienne. C'est se donner la chance d'améliorer chacune de nos réactions face aux coûts que nous inflige la vie. Ainsi, on évitera des stress et des épuisements liés à notre lâcheté.

La vie c'est comme une rivière, nous sommes comme des poissons qui essayent chaque jour de survivre aux contraintes que nous infligent les vagues. Parfois nous y parvenons, parfois c'est la vie qui nous emporte où elle veut. Il n'y a donc pas de raisons à vouloir faire de la vie une adversaire permanente, puisque quoi que nous obtenions, elle demeure la plus forte.

Nous devons tout simplement ACCEPTER certaines réalités étranges des fois injustes qui ne dépendent que de la rudesse de la vie qui nous imposent les circonstances, les moments et surtout le temps.

CHAPITRE 9

LES DÉRAILLEMENTS

Le choix de voler parmi les grands

J'étais en quatrième secondaire, deux ans avant d'obtenir mon diplôme d'état – l'équivalent du baccalauréat – lorsque dans mon quartier natal, les jeunes décidèrent de créer une association sans but lucratif qui pouvait se charger des problèmes d'insalubrité, d'insécurité, de délinquance juvénile,...

C'était un samedi avant-midi de novembre, il y avait des centaines des jeunes de toute catégorie qui s'étaient réunis pour la cause. Il y avait des jeunes plus âgés qui étaient des diplômés d'université, célibataires et jeunes mariés ; des jeunes intermédiaires qui débutaient encore l'université et d'autres qui devraient finir dans peu de temps ; et d'autres encore qui, comme moi, étaient à l'école secondaire. Ces derniers étaient donc les cadets de la foule.

Certains parmi tous ceux qui étaient présents ne pouvaient qu'être de loin avancés sur le plan expériences professionnelles par rapport à nous qui étions comme des puînés et fiers de l'être d'ailleurs. Ils pouvaient logiquement posséder la priorité de parole et de débat édicté par leur état.

J'étais donc parmi les cadets du groupe, sans aucune intention de me hisser ou de me faire connaître. Je me tenais debout comme tous les autres, écoutant attentivement ce qui se disait.

La foule entière qui était déjà d'accord de la création d'une association sans but lucratif qui prendrait fonction dès la semaine suivante, devrait choisir le comité qui dirigera l'organisation. Normalement, les dirigeants ne pouvaient qu'être ceux qui semblaient avancés en compétences, en volonté et surtout en expériences, l'admission de la foule et les expériences. Par apparence, je n'étais pas à la hauteur.

L'on choisit le Président du Conseil d'administration, son adjoint, ses conseillers et la plupart des membres de la Coordination. Mais lorsque ce fut le tour du Secrétaire. Un poste très important dans l'organisation, personne ne se présenta comme candidat. Certains avaient peut-être peur de la lourdeur des taches, d'autres ne comprenaient pas bien le rôle d'un secrétaire malgré différentes explications des orateurs, d'autres personnes qui répondaient au profil désiré avaient déjà obtenu des places au sein du comité, d'autres encore hésitaient tout simplement de se décider.

C'est alors que Constantin, mon frère aîné, qui avait été choisi comme Trésorier, me poussa par l'épaule en disant : « tu peux sauter sur cette opportunité, tu as une capacité de rédaction et des compétences en administrations que beaucoup n'ont pas ici, tu vas essayer d'apprendre des circonstances. Lève ta main. »

J'avais été surpris d'apprendre que j'avais des compétences en administration ou une capacité de rédaction que beaucoup n'avaient pas, d'après tout je n'avais que seize ans. Bon, je n'avais pensé si ce serait illégal et les personnes présentes aussi. Jusqu'aujourd'hui je me demande si Constantin le pensait vraiment ou s'il essayait seulement de me pousser à obtenir une certaine place au sein de l'organisation, de sorte que je ne passe inaperçu. C'est quand-même sûr qu'il savait que peu importe ce que j'étais capable de faire, je pouvais apprendre des erreurs que j'aurais à faire dans l'avenir.

J'ai levé ma main un peu timidement, priant qu'on ne la voit pas. Et Constantin qui crie : « il y a une main ici ! ». Tout d'un coup, on me dit de passer devant. Peureux et tremblant, j'avançai, pas parce que je voulais, mais parce que j'avais honte de refuser alors que j'avais levé la main de moi-même. Les gens avaient accepté que je sois leur Secrétaire parce qu'il n'y avait personne d'autre qui avait postulé.

Eh oui ! Les grands défis ne se relèvent pas par les grands de taille mais par les esprits grands. Deux résultats possibles s'offrent à vous lorsque vous affrontez des grandes situations : soit vous poussez ces situations à devenir petites soit elles vous poussent à grandir. Et dans tous les cas chacun de vous deux prend la place de l'autre.

Les différences et les expériences

Le pire n'était que ce qui pouvait m'attendre. Ce qui me frustrait le plus n'était pas les responsabilités mais le fait que j'étais comme un gamin qui doit donner des injonctions à de grandes personnes. Les Statuts prévoyaient qu'en l'absence du Président du Conseil d'Administration et de son adjoint, je devenais le numéro du Conseil d'Administration et pouvais convoquer des réunions et les modérer, convoquer les membres de la Coordination, etc.

Si timide que je pouvais être au début, au fil du temps, c'était devenu comme une routine de le faire parce que je me suis promis d'apprendre de chaque erreur que je commettrais. Je me suis aussi efforcé que mes actions ne ressemblent pas à ma taille ou à mon âge. Je savais que les gens attendaient que je dégringole.

Plus le temps passait, plus les candidats à mon poste venaient de je-ne-sais-où. Plus on évoluait, les gens pensaient que le poste était facile parce qu'un pré-jeune comme on les appelle chez nous, l'occupe.

Je donnais des injonctions à des personnes que je n'aurais jamais imaginé croiser. Je posais toujours des questions pour être sûr de bien suivre le protocole,... Ce qui est sûr, j'avais tellement grandi sur le plan professionnel que j'étais largement plus loin que plusieurs personnes de ma catégorie. Sauf qu'un jour où j'ai tout fois foiré.

Quelques mois après, on devrait lancer un projet sur la lutte contre l'insalubrité dans notre avenue et certaines avenues environnantes. Nos partenaires financiers étaient les ménages et quelques autres personnes mieux placées dans le quartier entier qu'on avait ciblées.

On avait eu comme invités les chefs des ménages, ces personnes ciblées, les chefs d'avenues, les représentants du Chef de quartier, du Bourgmestre, du Maire de la ville et du Gouverneur de Province dans une grande réunion pour exposer notre projet.

C'était une opportunité car si nous obtenions leur accord, nous devrions exécuter le projet qu'ils financeraient et encadreraient. J'étais assis devant, me convainquant que toutes ces personnes assises dans la salle sont surprises que je sois devant eux, écoutant le Coordonnateur exposer, tellement proprement que tous les participants étaient déjà partants. Je me disais que j'avais la mission de prouver quelque chose.

Il est arrivé le moment où les participants devraient nous faire part de leurs différentes inquiétudes afin que nous leur éclaircissions et poser quelques questions auxquelles nous devrions répondre. Ce fut un peu facile parce que la quasi-totalité des questions avaient été bien répondues soit par le Coordonnateur, le Président ou un autre membre de l'organisation.

Désireux de prouver aussi que je ne suis pas nul comme je croyais qu'ils s'imaginaient, j'ai demandé à répondre à une question. Malheureusement, j'avais répondu si stupidement, si imprudemment, si bêtement, si absurdement que j'avais contredit toutes les réponses qui avaient déjà été émises par mes collègues. Plus drôle, je ne m'étais même pas rendu compte sur le champ car, lorsque les participants se moquaient si poliment de mon intervention dans leurs sous-questions, je tentais de me défendre et davantage je nous enfonçais dans le trou. Je me souviens avoir eu une grave controverse avec un participant sur la différence entre « lutte contre l'insécurité » et « lutte pour la sécurité ». Peu importe qui avait raison de nous deux, j'avais vraiment emmerdé. Aujourd'hui, je suis sûr que c'était dû à mon manque d'expérience, à mon surestime et surtout aux multiples compliments.

Tous nos mouvements ne devraient pas dépendre de la preuve que nous voulons brandir pour démontrer que nous sommes capables. Lorsque nous essayons d'agir de sorte que ceux qui nous regardent soient enthousiasmés de nos efforts, nous n'obtenons que de la déception. Car il nous est impossible de prétendre connaître exactement ce qui se passe à l'intérieur des gens qui sont censés être merveilleusement surpris par nos actions et surtout de les satisfaire.

Depuis ce jour, je fais attention aux compliments. Je me comportais pourtant très bien, mais face à la plus grande opportunité qui soit, j'ai foutu en l'air toute ma réputation. Je me disais que j'étais très compétent que je ne me concentrais plus à mon amélioration.

Tout ce que nous avons à faire c'est vivre de la façon la plus naturelle sans aucun complexe afin que tous nos agissements ne soient pas ridiculement influencés par le regard que nous voulons que les posent sur nous. Vouloir prouver quelque chose nous rend complexé et biaise tous nos agissements de façon que nous devenons dépendant du côté que nous voulons à tout prix surprendre. Le résultat devient erroné et nous risquons de démolir tout ce que nous sommes appelés à construire.

La réunion avait alors mal finie pour nous à cause de ma balourde réaction. Lors de l'évaluation, tout le monde se moquait de moi. Les participants avaient rejeté le projet, nous sommes restés sans espoir. Tout le monde pensait que je devrais être remplacé, y compris moi-même.

Le lendemain, je m'étais dit que je devrais tirer des leçons dans cet évènement. Que je devais réparer ce que j'ai cassé. Je m'étais dit que brûler malencontreusement une case et fuir sans reconstruire une autre est l'action la plus lâche que peut commettre un être humain.

« L'archer est un modèle pour le sage. Quand il a manqué le milieu de la cible, il en cherche la cause en lui-même. » – Confucius

La suite était bonne parce que j'avais rattrapé tout ce moment. J'avais analysé toutes mes failles à leurs moindres détails et j'avais réussi à satisfaire l'organisation. Mais il nous fallait relever un grand défi : faire passer le projet chez les mêmes personnes qui l'avaient rejeté à cause de moi. Il ne me fallait qu'une chose : ACCEPTER que je mon train ait déraillé pour avoir une chance de la remettre en marche.

Les échecs que nous connaissons sont un chemin obligé pour grandir et passer au stade supérieur. « Les épreuves n'ont pour objectif de nous briser » avait écrit Papy Mboma sur Facebook. Mais elles peuvent nous briser si nous n'apprenons pas d'elles. Nous avons le choix de considérer ou pas les Conseils que nous prodiguent les gens car ils sont liés à une vie que nous ne menons pas. Mais lorsque nous goutons aux échecs, à moins d'être anormaux, nous grandissons impérativement car nous palpons le chaos qui durerait si nous décidons de tout revoir.

En me basant exactement sur mes dérapages, j'ai proposé une autre manière de sensibilisation car les gens ne pouvaient plus répondre positivement à notre invitation. Au lieu d'organiser une réunion, nous avions fait le porte à porte pour réexpliquer à chaque ménage l'importance de lancer le projet. La procédure fut très longue, dure mais très efficace. Le résultat était là : nous avons exécuté le projet pendant 6 ans et malgré les contraintes, nous arrivions à évoluer.

Plusieurs personnes ont tendance à s'oublier et à ne pas se concentrer sur elles-mêmes parce qu'elles pensent être pathétiquement différentes des autres. Parfois on se rend compte qu'on n'est pas comme les autres, qu'on n'a pas les mêmes caractéristiques que les autres, mais le plus important est de savoir qu'en dépit des différences, tout le monde a sa spécialité.

Paradoxalement, lorsque nous croyons avoir des résultats positifs, ça nous affecte tellement que nous baissons nos gardes. Au fond de nous, nous croyons que nous volons toujours dans un bon vent alors que les réactions positives des gens nous aveuglent.

Depuis ce temps, j'ai participé à la création de plusieurs autres organisations et je peux dire que grâce à ces dérapages, je me positionne toujours parmi les meilleurs pour occuper certains postes clés. Celles qui, jadis constituaient mes incapacités ont participé dans la construction de la personne que je suis.

Votre faiblesse peut être l'incompétence alors que votre spécialité est la capacité à se relever de toutes vos chutes. Il n'y a pas de loup plus féroce qu'un loup affamé qui vient de rater sa cible. Je m'étais révolté contre moi-même parce que je savais que j'étais le seul à bien m'évaluer. Les gens autour de vous peuvent être plus attirants que vous parce qu'ils ont connus plus d'échecs que vous.

C'est pour ça que Dieu nous crée avec chacun ses propres organes car malgré les ressemblances ou les dissemblances de nos corps, ils sont tous spéciaux. Si les gens se marient à certains âges dans votre société, vous pouvez ne pas suivre leurs voies et réussir.

Comme on dit, l'être humain est un animal social, il vit avec les autres et cherche à les ressembler. Tout à fait normal. Mais cela a deux conséquences paradoxales : d'un côté, facilement le bien se propage car les gens cherchent à commettre les mêmes actes. De l'autre, le mal se propage aussi. C'est le côté le plus effrayant, à trop vouloir copier les autres, on finit par faire les mêmes bêtises qu'eux.

Par exemple, il se peut qu'il y ait des amis qui font exactement les mêmes conneries parce qu'en s'assemblant, ils se ressemblant trop dans le négatif mais pas autant dans le positif. Facilement vous trouvez des ados qui fument ensemble mais difficilement ceux qui révisent des notes ensemble. Faites ce qui vous est approprié même quand ça ne ressemble à ce qui vous entoure et acceptez cette différence avec courage.

CHAPITRE 10

ÊTRE INCOMPRIS

Les efforts que nous fournissons pour que les gens nous comprennent comme nous le voudrions sont totalement vains. Nous sommes les seuls capables de comprendre à la juste valeur ce que nous dégageons. Les autres nous comprennent selon leurs propres situations. C'est pour ça qu'ils peuvent nous comprendre à l'opposé. La compréhension des gens n'a absolument pas de rapport avec ce que nous faisons ou ce que nous leur disons, elle a plus de rapport avec leur capacité de discernement et surtout leur état présent.

Quelqu'un qui a piteusement échoué dans un business a toutes les raisons de ne pas comprendre votre détermination dans le même business. Il pense qu'il y a une catégorie des personnes destinées à y réussir, s'il est persuadé que vous n'en faites pas partie, il vous dira que vous perdez votre temps.

De même, lorsque vous avez pris des choix qui n'émeuvent que vous et dont vous êtes le seul à posséder les dessous, attendez-vous à des contredits. Vous êtes le seul à savoir pourquoi vous avez choisi votre femme ou votre mari, votre boulot, votre carrière, le quartier dans lequel vous habitez, votre religion, vos habitudes,… s'attendre à ce que tout le monde comprenne vos choix est comme s'attendre à ce que la pluie tombe depuis le bas.

C'est quand vous essayez de vous expliquer que vous accroissez la situation. Vouloir à tout prix convaincre vous fait passer pour un bouffon, car seuls ceux qui ne sont pas sûrs d'eux ne digèrent pas être mal compris ou incompris. Ils emploient alors tous les moyens pour que leurs argumentations soient prises en compte.

ACCEPTEZ que vous ne soyez pas aux mêmes diapasons que ceux qui dénient vos façons de faire. Si vous avez raison, ça sera mieux. Si vous n'avez pas raison, au moins vous serez fier d'avoir suivi votre chemin et vous ne condamnerez personne tout comme vous ne devriez dépendre de personne si vous y parvinssiez.

CHAPITRE 11
LA MAUVAISE PERSONNE QU'ON EST

On a tous eu des relations qui se sont mal tournées. Un (une) conjoint (conjointe) qui s'est distancé(e) pour des raisons que vous REFUSEZ d'admettre, un parent qui en a marre de vous et qui aimerait vous voir en prison plutôt qu'à ses côtés, un familier qui change de direction chaque fois qu'il vous entrevoit sur son chemin, un ami qui ne vous parle plus, un professeur qui préfère jeter votre copie plutôt que de voir son stylographe écrire sur la même page que vous, un supérieur qui vous colle que de côtes ridicules au boulot, un camarade qui chaque fois ne fait que donner de mauvais rapports sur vous, etc.

Tout cela n'a rien d'inhumain. Le problème se situe parfois dans notre propre tête, dans nos entendements distinctifs. Il nous est parfois moins accommodant d'accepter nos vrais rôles dans des problèmes qui surgissent afin de nous accorder des chances supplémentaires pour ne pas répéter gauchement les mêmes erreurs.

Parfois la personne contre qui vous devez vous révolter, c'est vous-même. Accepter qu'on est blâmable dans un problème est quelques fois bénéfiques pour nous et pour les autres. Remettre tout en question, sans partialité après chaque déroute est une façon aristocrate de connaître le rôle qu'on y a joué.

On peut être celui qui a déconné dans une relation qui a mal tourné, si on ne se regarde pas dans le miroir, on risque de ne pas bien voir les choses et par conséquent, de méjuger la situation. Il existe souvent en nous des défauts qui se répètent et qui nous mettent dans des positions défavorables face aux opportunités. Ce genre de défauts reviennent jusqu'à ce qu'ils soient gommés.

Ceux qui ne l'admettent pas refont les mêmes erreurs chaque fois que c'est possible sans se remettre en question. Vos dérapages, vos détresses, toutes ces situations catastrophiques qui ne s'arrêtent pas sont peut-être dus à des faiblesses que vous n'arrivez pas à admettre.

Vous ne pouvez pas vous mettre à une juste place lorsque quelqu'un d'autre doit être toujours coupable, vous refusez de penser que vous pouvez être en même temps bourreau et victime. Peu d'entre nous admettent qu'ils sont partis du mauvais pied ou qu'ils sont tout simplement des LOSERS. Les solutions deviennent plus aisées lorsque nous découvrons la véritable place que nous occupons dans une situation où nous sommes nous-même la victime.

Ne connaissez-vous pas des personnes habituées à faire du mal ? D'éhontées gens qui ne font presque jamais du bien. Chaque fois qu'ils entrent dans une conversation, chaque fois qu'ils prennent place, c'est pour désunir des relations, séparer des cordes unies depuis longtemps, c'est pour parler des vies privées des gens, c'est pour troubler ceux qui sont calmes,...

Eh bien, sachez que ces personnes ont du mal à ADMETTRE. Ce n'est pas seulement externe, c'est plus interne d'ailleurs. En eux, ils ne peuvent pas se dire : « cette fois, pour ce cas précis, je suis le moins agréable comme humain ». Pour quelqu'un qui a déjà prononcé cette phrase en lui, la prochaine devra très probablement être : « je dois changer, je ne dois plus faire ce genre des choses,... ».

CHAPITRE 12

DES RELATIONS DÉSAXÉES

« L'ami de tout le monde n'est l'ami de personne ». – Proverbe français attribué à Louis Bourdaloue

Les personnes les plus compliquées et surtout les plus désorientées socialement sont celles qui veulent à tout prix plaire aux autres. Elles veulent plaire à tous que finalement, ne plaisent à personne. Elles veulent satisfaire toutes les demandes qu'elles n'arrivent même plus à se satisfaire elles-mêmes. Vous voulez être amis de tous ceux qui vous sourient ? Alors, vous ne serez pas amis de personne. C'est une réalité qui ne devra pas vous surprendre.

Nous ne pouvons jamais devenir amis à tous justement parce qu'il est impossible de plaire à tout le monde. Parfois ce que les uns aiment chez vous, c'est exactement ce qui met les autres mal à l'aise. Vous devez donc accepter que vos relations aient été brisées puisque vous vous êtes comporté naturellement ; beaucoup de gens aimeraient que vous soyez hypocrite pourvu que vous leur plaisiez.

Lorsque vous êtes vous-mêmes, il ne manque jamais ceux qui, par égoïsme naturel humain, seront contrariés car ils attendent que vous soyez ce qu'ils aimeraient. Il n'y a que deux catégories de personnes qui sont en bon terme avec tout le monde : les hypocrites et les naïfs.

Les hypocrites sont incapables de vous montrer leurs faces réelles. Ils vous étudient, découvrent ce que vous aimeriez qu'ils soient à votre égard et le deviennent par apparence. Ils sont alors susceptibles de devenir nocifs car ils se comportent presque de la même façon devant tout le monde.

Les naïfs quant à eux, ont tout simplement un ou plusieurs sentiments qui les retiennent et freinent leurs agissements. Ils ont presque les mêmes attitudes que des situations soient attrayantes ou irritantes. La peur de perdre des relations ou des intérêts qui les lient à ces relations ; le sentiment ridicule de vouloir toujours être bien vu que les situations leurs soient favorables ou pas ;... les poussent à réagir à peine aux évènements. Ils préfèrent dire oui pourvu que ça ne leur coûte le mécontentement de la personne en face parce qu'ils pensent qu'être humain égal être en bon terme avec tous, dans tous les cas.

Lorsque vous êtes face à tout le monde, vous devez vous privilégier en premier. C'est presqu'un tabou de le dire ainsi mais c'est une vérité absolue. C'est ce que nous appelons égoïsme et que nous diabolisons parfois sans raison. L'égoïsme n'est menaçant que lorsque nous agissons de manière à empêcher les autres de faire usage de leurs égoïsmes. L'égoïsme humain ne sous-entend pas forcément l'abstraction aux autres, mais souvent ne pas se mettre en danger pour sauver une relation à sens unique. Ou commencer par soi-même avant de penser aux autres. Cherchez à plaire à tout le monde, et vous ne pleurez à personne.

Les naïfs et les hypocrites ne peuvent généralement pas vous faire part d'une de ces réalités qui vous agacent ou qui les agacent mais qui peuvent favoriser le développement de tous. Ils préfèrent vous voir sombrer pourvu que le courant passe entre les deux parties. J'ai de sérieuses réticences lorsque je suis en face de quelqu'un qui donne son rire à tout, qui ne peut parler que quand il doit montrer la façade la mieux éclairée de la situation. Ces gens sont souvent les moins véridiques du groupe.

Vous devez accepter d'être vous-même et non de fonctionner selon les desiderata des autres. S'il vous faut être rare pour vous donner plus d'importance, si c'est ce qu'il vous faut, n'hésitez de le faire. Souvent, tout ce qui vient de vous doit être rare pour que vous soyez important. Moins c'est rare, moins c'est important.

Vous devez accepter parfois que vous soyez mal vu pourvu que vous vous comportiez de manière à ne pas vous mettre en danger en premier. De toutes les façons, quoi que vous fassiez, vous n'amadouerez pas tout le monde. Nos vies sont comme des groupes Whatsapp : bonnes ou mauvaises, il y aura toujours des personnes qui nous quitteront.

CHAPITRE 13

EN FIN DE COMPTE, S'ACCEPTER !

Les 3 portes de la Sagesse

Un Roi avait pour fils unique un jeune Prince courageux, habile et intelligent. Pour parfaire son apprentissage de la Vie, il l'envoya auprès d'un Vieux Sage. « Éclaire-moi sur le Sentier de la Vie », demanda le Prince.

« Mes paroles s'évanouiront comme les traces de tes pas dans le sable, répondit le Sage. Cependant je veux bien te donner quelques indications. Sur ta route, tu trouveras 3 portes. Lis les préceptes indiqués sur chacune d'entre elles. Un besoin irrésistible te poussera à les suivre. Ne cherche pas à t'en détourner, car tu serais condamné à revivre sans cesse ce que tu aurais fui. Je ne puis t'en dire plus. Tu dois éprouver tout cela dans ton cœur et dans ta chair. Va, maintenant. Suis cette route, droit devant toi. » Le Vieux Sage disparut et le Prince s'engagea sur le Chemin de la Vie.

Il se trouva bientôt face à une grande porte sur laquelle on pouvait lire « CHANGE LE MONDE ». « C'était bien là mon intention, pensa le Prince, car si certaines choses me plaisent dans ce monde, d'autres ne me conviennent pas. » Et il entama son premier combat. Son idéal, sa fougue et sa vigueur le poussèrent à se confronter au monde, à entreprendre, à conquérir, à modeler la réalité selon son désir. Il y trouva le plaisir et l'ivresse du conquérant, mais pas l'apaisement du cœur. Il réussit à changer certaines choses mais beaucoup d'autres lui résistèrent. Bien des années passèrent.

Un jour il rencontra le Vieux Sage qui lui demande : « Qu'as-tu appris sur le chemin ? » « J'ai appris, répondit le Prince, à discerner ce qui est en mon pouvoir et ce qui m'échappe, ce qui dépend de moi et ce qui n'en dépend pas ». « C'est bien, dit le Vieil Homme. Utilise tes forces pour agir sur ce qui est en ton pouvoir. Oublie ce qui échappe à ton emprise ». Et il disparut.

Peu après, le Prince se trouva face à une seconde porte. On pouvait y lire « CHANGE LES AUTRES ». « C'était bien là mon intention, pensa-t-il. Les autres sont source de plaisir, de joie et de satisfaction mais aussi de douleur, d'amertume et de frustration. » Et il s'insurgea contre tout ce qui pouvait le déranger ou lui déplaire chez ses semblables. Il chercha à infléchir leur caractère et à extirper leurs défauts. Ce fut là son deuxième combat. Bien des années passèrent.

Un jour, alors qu'il méditait sur l'utilité de ses tentatives de changer les autres, il croisa le Vieux Sage qui lui demanda : « Qu'as-tu appris sur le chemin ? » « J'ai appris, répondit le Prince, que les autres ne sont pas la cause ou la source de mes joies et de mes peines, de mes satisfactions et de mes déboires. Ils n'en sont que le révélateur ou l'occasion. C'est en moi que prennent racine toutes ces choses. » « Tu as raison, dit le Sage. Par ce qu'ils réveillent en toi, les autres te révèlent à toi-même. Sois reconnaissant envers ceux qui font vibrer en toi joie et plaisir. Mais sois-le aussi envers ceux qui font naître en toi souffrance ou frustration, car à travers eux la Vie t'enseigne ce qui te reste à apprendre et le chemin que tu dois encore parcourir. » Et le Vieil Homme disparut.

Peu près, le Prince arriva devant une porte où figurait ces mots : « CHANGETOI TOI-MÊME ». « Si je suis moi-même la cause de mes problèmes, c'est bien ce qui me reste à faire, » se dit-il. Et il entama son troisième combat. Il chercha à infléchir son caractère, à combattre ses imperfections, à supprimer ses défauts, à changer tout ce qui ne lui plaisait pas en lui, tout ce qui ne correspondait pas à son idéal.

Après bien des années de ce combat où il connut quelques succès mais aussi des échecs et des résistances, le Prince rencontra le Sage, celui-ci lui demanda : « Qu'as-tu appris sur le chemin ? » « J'ai appris, répondit le Prince, qu'il y a en nous des choses qu'on peut améliorer, d'autres qui nous résistent et qu'on n'arrive pas à briser. »

« C'est bien, » dit le Sage. « Oui, poursuivit le Prince, mais je commence à être las de me battre contre tout, contre tous, contre moi-même. Cela ne finira-t-il jamais ? Quand trouverai-je le repos ? J'ai envie de cesser le combat, de renoncer, de tout abandonner, de lâcher prise. » « C'est justement ton prochain apprentissage, dit le Vieux Sage. Mais avant d'aller plus loin, retourne-toi et contemple le chemin parcouru. » Et il disparut.

Regardant en arrière, le Prince vit dans le lointain la troisième porte et s'aperçut qu'elle portait sur sa face arrière une inscription qui disait « ACCEPTE-TOI TOI-MÊME. » le Prince s'étonna de ne pas avoir vu cette inscription lorsqu'il avait franchi la porte la première fois, dans l'autre sens.

« Quand on combat on devient aveugle, se dit-il. » Il vit aussi, gisant sur le sol, éparpillé autour de lui, tout ce qu'il avait rejeté et combattu en lui : ses défauts, ses ombres, ses peurs, ses limites, tous ses vieux démons. Il apprit alors à les reconnaître, à les accepter, à les aimer. Il apprit à s'aimer lui-même sans plus se comparer, se juger, se blâmer.

Il rencontra le Vieux Sage qui lui demanda : « Qu'as-tu appris sur le chemin ? » « J'ai appris, répondit le Prince, que détester ou refuser une partie de moi, c'est me condamner à ne jamais être en accord avec moi-même. J'ai appris à m'accepter moi-même, totalement, inconditionnellement. » « C'est bien, dit le Vieil Homme, c'est la première Sagesse. Maintenant tu peux repasser la troisième porte. »

À peine arrivé de l'autre côté, le Prince aperçut au loin la face arrière de la deuxième porte et y lut « ACCEPTE LES AUTRES ». Tout autour de lui il reconnut les personnes qu'il avait côtoyées dans sa vie ; celles qu'il avait aimées comme celles qu'il avait détestées. Celles qu'il avait soutenues et celles qu'il avait combattues. Mais à sa grande surprise, il était maintenant incapable de voir leurs imperfections, leurs défauts, ce qui autrefois l'avait tellement gêné et contre quoi il s'était battu.

Il rencontra à nouveau le Vieux sage. « Qu'as-tu appris sur le chemin ? » demanda ce dernier. « J'ai appris, répondit le Prince, qu'en étant en accord avec moi-même, je n'avais plus rien à reprocher aux autres, plus rien à craindre d'eux. J'ai appris à accepter et à aimer les autres totalement, inconditionnellement. » « C'est bien, dit le Vieux Sage. C'est la deuxième Sagesse, tu peux franchir à nouveau la deuxième porte. »

Arrivé de l'autre côté, le Prince aperçut la face arrière de la première porte et y lut « ACCEPTE LE MONDE ». Curieux, se dit-il, que je n'aie pas vu cette inscription la première fois. Il regarda autour de lui et reconnut ce monde qu'il avait cherché à conquérir, à transformer, à changer. Il fut frappé par l'éclat et la beauté de toute chose. Par leur perfection. C'était pourtant le même monde qu'autrefois. Était-ce le monde qui avait changé ou son regard ?

Il croisa le Vieux Sage qui lui demanda : « Qu'as-tu appris sur le chemin ? » « J'ai appris, dit le Prince, que le monde est le miroir de mon âme. Que mon âme ne voit pas le monde, elle se voit dans le monde. Quand elle est enjouée, le monde lui semble gai. Quand elle est accablée, le monde lui semble triste. Le monde, lui, n'est ni triste, ni gai. Il est là ; il existe ; c'est tout. Ce n'était pas le monde qui me troublait, mais l'idée que je m'en faisais. J'ai appris à accepter sans le juger, totalement, inconditionnellement. » C'est la troisième Sagesse, dit le Vieil Homme. Te voilà à présent en accord avec toi-même, avec les autres et avec le Monde. »

Un profond sentiment de paix, de sérénité, de plénitude envahit le Prince. Le Silence l'habita. « Tu es prêt, maintenant, à franchir le dernier Seuil, dit le Vieux Sage, celui du passage du silence de la plénitude à la Plénitude du Silence.» Et le Vieil Homme disparut.

Texte tiré des *Histoires magiques du Club-Positif* par Christian H. Godefroy

Notre vie est emplie des ambitions tellement grandioses qu'on pourrait inverser des tendances si l'on y parvient. Sauf que nous cherchons souvent des solutions ailleurs alors que nous les avions sous le nez. Il nous arrive de chercher des solutions alors que nous sommes ces solutions.

Tous les problèmes qu'il y a dans votre vie ont certainement des sources. Si vous vous persuadez que ces sources sont forcément les autres ou viennent d'eux, vous avez une forte chance de taper à côté, et pas qu'une seule fois.

Les déroutes qu'il y a dans votre vie, quoi qu'il y ait des acteurs autres que vous-même, n'ont pas toujours comme origine les autres. Les joies et les peines qui vous habitent ne dépendent que de vous et de la façon dont vous percevez ce qui se passe autour de vous.

Il se peut qu'à ce moment même vous soyez entrain de tout culpabiliser : le gouvernement de votre pays, votre communauté, vos parents, votre famille, vos camarades,... Vous leur octroyez quasiment tout ce qui ne marche pas dans votre vie. Vous vous convainquez qu'ils sont la source de vos problèmes comme eux. Vous avez une sureté absolue qu'ils vous freinent ou qu'ils devraient faire mieux, représenter mieux dans votre vie.

Tout d'un coup, vous êtes révolté. Vous voulez tout changer, vous voulez être capable de modifier exactement tout ce qui ne va pas. Mais vous ne pouvez pas pour une raison que vous n'arrivez pas à remarquer. Il se peut que vous soyez hors du jeu.

Vous ne pouvez pas changer les autres si vous ne pouvez pas vous changer. Et il est impossible de vous changer si vous ne pouvez pas accepter ce que vous êtes. Les défauts et les qualités qui sont en vous ne sont pas respectivement égaux à vos faiblesses et à vos forces. Les accepter est un atout pour que vous acceptiez qui vous êtes et par conséquent changer ce qui vous semble haïssable en vous-même.

Contre toute attente, parfois vos défauts sont vos forces alors que vos qualités sont vos faiblesses. Beaucoup d'Hommes sont tombés parce qu'ils se sont laissés emportés par les fleurs que portent les qualités. Ces fleurs ont fanés car il n'y a plus eu d'entretien. Lorsque vous acceptez que un défaut, vous évitez de trop l'utiliser car vous avez une idée sur vos limites.

La prochaine étape devient plus abordable. Vous voulez changer les autres ou du moins, changer ce qu'il y a de plus méprisable dans les gens qui vous entourent ; c'est une cause noble. Mais je vais un peu vous décevoir : VOUS NE POUVEZ PAS CHANGER LES AUTRES. Vous ne pouvez qu'essayer de vous changer vous-même. Ce que vous pouvez faire, c'est être le reflet qui vous voulez qu'ils soient. Et ceci n'est possible que lorsque vous les ACCEPTEZ tel qu'ils sont.

Combien de parents ne peuvent pas produire des enfants qu'ils aimeraient avoir ? Plusieurs parents ont des enfants d'une très mauvaise éducation alors qu'ils pensent tout faire pour les éduquer au mieux. Ils oublient qu'il est impossible d'éduquer lorsqu'on n'est pas éduqué. Vous voulez que vos enfants aient une éducation de préférence, la première personne que vous devez éduquer, c'est vous-même. Ensuite, il vous sera plus facile de leur donner des formes selon ce que vous êtes et non selon ce que vous voulez qu'ils soient.

Le monde entier vu depuis l'Afrique, peut sembler quasiment inchangeable sur le plan développement parce que ceux qui veulent nous éduquer ne sont pas eux-mêmes éduqués. Les personnes à qui nous octroyons les responsabilités de faire marcher les choses afin que tout aille au mieux sont incapables d'être en harmonie avec eux-mêmes, de l'intérieur.

Du coup, il devient impossible que chaque âme vivante apporte un progrès à la société car peu d'entre nous sont les modèles des personnes qu'ils aimeraient voir dans les autres. Nous admirons voir une société différente, des familles exemplaires alors que nous qui les constituons, ne changeons pas pour autant. Combattez le mal qu'il y a en vous et vous contribuerez à étouffer celui qui a dans la société. La personne que vous pouvez changer plus facilement, c'est plus vous-même que votre voisin.

Vivre tourné sur soi-même

Je me suis persuadé avec raison que, lorsque nous passons notre temps à chercher où les autres ont dérapé. Nos vies deviennent de plus en plus atoniques et focalisées sur des choses qui ne nous concernent en rien. Les gens qui ne voient que les côtés sombres des autres ne s'intéressent pas aux leurs et par conséquent, ne peuvent pas changer leurs mauvaises habitudes.

Ils sont alors tout à fait à côté de ce qu'ils doivent faire, puisqu'ils savent les moindres détails de ce qui se passe dans la vie des autres ; ils sont obligés de paraître différents pour se faire passer pour modèles. Ils sont riches par apparence ; s'achètent des biens de luxe alors qu'ils n'ont pas ceux de première nécessité ; habitent des quartiers chers simplement parce qu'ils refusent leur niveau de vie actuel ;... Ils veulent être comme X ou plus que Y sans en avoir le niveau nécessaire. Ou ils veulent tout simplement plaire aux autres.

Personne n'est capable de violer la Pyramide de Maslow. Si vous vous obligez de paraître comme les gens qui vivent dans des paliers supérieurs au vôtre, vous souffrirez dans votre vraie vie. Si vous voulez une vie qui n'est pas de votre niveau, la seule personne qui souffrira de votre mensonge c'est vous-même.

« Je ne connais pas la clé du succès mais la clé de l'échec est d'essayer de plaire à tout le monde. » – Bill Cosby

Avec l'explosion des réseaux sociaux, nous ressemblons moins à ce que nous sommes en réalité, nos maisons sont fictivement plus féériques que dans la réalité ; et c'est plus facile d'habiter le centre-ville, d'étudier dans l'université la plus chic de la capitale pendant qu'on n'a pas encore obtenu son baccalauréat ou d'être chef d'entreprise alors qu'on est en quête de boulot dans un salon de coiffure.

Il est donc devenu plus aisé de paraître que de vivre, de faire croire que d'être. La vie telle qu'on la connaît désormais, devient de plus en plus facile sur les images qu'on se croirait vivre dans deux mondes parallèles : l'un qu'on capture et l'autre qu'on vit. Seuls ceux qui s'acceptent arrivent à ressembler exactement à ce qu'ils sont, et cela peu importe les commentaires provenant de l'extérieur.

Comment s'accepter ?

S'accepter vous aide à comprendre qui vous êtes en dehors de ce qui se dit autour de vous, à propos de vous. Il y a une énorme différence entre ce qui se dit sur vous et ce que vous êtes. Cette différence gigantesque vous aide lorsqu'il faut que vous découvriez votre être, votre avoir et votre paraître.

L'on peut se rendre drôlement compte que beaucoup de gens n'ont pas la casquette qu'on leur attribue. Et c'est parce que le paraître n'est que rarement égal à l'être. L'acceptation de soi est un grand pas vers un changement fondamental de l'Homme. L'on ne peut changer le groupe si l'on ne peut se changer. Beaucoup de quêtes de développement n'aboutissent pas parce que les acteurs ne peuvent pas se changer eux-mêmes ; de rapprocher leur paraître à leur être.

Vous voulez changer les choses, peut-être que les choses n'ont pas besoin d'être changé ; les choses obéissent à vous ; commencez par changer ce que vous êtes.

Mais avant l'acceptation de soi, il faut une connaissance de soi. Il est difficile de s'accepter si on ne se connaît pas. Je vous propose la méthode que j'ai apprise il y a un temps et que j'utilise pour ne pas laisser mon paraître se substituer en mon être.

L'entièreté de la méthode que j'utilise s'appelle l'analyse SWOT – strength, weakness, opportunity, threat – et comporte quatre parties scindées en deux grandes parties : l'analyse interne et l'analyse externe. La seconde comporte les opportunités et menaces que vous utilisez lorsque vous voulez connaître les cas provenant de l'extérieur qui vous sont favorables et/ou défavorables. Mais, là, on risque d'aller inutilement loin. Celle qui nous allèche ici est l'analyse interne. Cette méthode est utilisée dans les entreprises ou les organisations mais je l'ai adapté à moi parce que je suis convaincu que ma première entreprise c'est moi-même.

Si je ne peux pas me développer, je ne peux rien développer. Tout ce qui doit marcher, doit marcher d'abord sur moi-même. Si je veux que mon entreprise soit prospère, je dois être prospère. Si je dois rendre grand ce que je touche, je dois penser grand, je dois être grand. La grandeur des choses provient de la grandeur de l'Homme. Les gratte-ciels sont grands parce que ceux qui les ont construits ont pensé grand et au finish, sont devenus plus grands.

L'analyse interne consiste à énumérer vos FORCES et vos FAIBLESSES. Dans le langage moins poétique, elle consiste à découvrir où l'on est bon et où l'on est nul. Qu'est-ce qu'on fait le mieux et dans quoi on n'aimerait véritablement pas être le meneur de jeu.

On privilégie le mieux possible les forces pour les améliorer et se donner la chance de corriger progressivement les faiblesses en commençant par les plus pertinentes. Beaucoup d'entre nous ne savent pas en quoi ils sont forts. Ne pas savoir ses forces intérieures c'est s'exposer au péril et à la tergiversation. On a tendance à suivre les voies que nous suggèrent les autres sans connaître si elles sont compatibles avec nos capacités.

Lorsque j'étais encore sur le banc de l'école et même à la faculté, je ne cherchais pas trop à être le premier de la promotion. En fait, être le premier tout court ne m'a jamais intéressé. Je veux savoir je suis premier en quoi, car je sais que le premier tout court n'existe que lorsque nous jugeons par rapport à nos propres appréciations et non par rapport à la réalité.

Je m'efforçais alors d'être premier au moins en une chose, et c'est ce que j'essaie de faire partout où je passe. Il faut découvrir au moins une chose qui ne sera que paralysée lorsque vous êtes absent, que tout le monde n'arrive pas à faire comme vous le faites. Certains d'entre nous peuvent penser qu'ils n'ont pas ces capacités qui les rendent uniques et quasi-introuvables mais ils ont tort.

Chacun de nous a au moins une force qui le rend incontestable, si vous ne connaissez la vôtre ; faites des efforts pour la découvrir car elle est peut-être la raison pour laquelle vous vous sentez futile et suiveur.

Nous sommes tous suiveurs dans certaines circonstances, mais les médiocres d'entre nous sont des suiveurs généralistes. Ils se prennent comme tel. Même les belles villes ne sont devenues ainsi que parce que plusieurs personnes ont chacun extériorisé ses propres prouesses.

Un monde meilleur est constitué par des gens meilleurs qui font chacun des exploits meilleurs distinctement ; ne vous limitez pas à contemplez la beauté peinte par les autres, contribuez à l'eurythmie que veut s'enquérir la communauté. Votre force c'est ce que vous offrez le mieux, votre faiblesse c'est quand vous avez plein de personnes qui sont meilleures que vous.

Vos faiblesses ne constituent pas indubitablement votre chute. En réalité, vos forces sont plus susceptibles de vous clouer lorsque vous les prenez pour définitives. Vos faiblesses peuvent vous offrir des surprises adéquates lorsque vous travaillez sur elles en commençant par les plus facilement remédiables. Il est parfois difficile d'accepter vos faiblesses parce qu'elles peuvent souvent être ridicules ; pourtant vous ne grandirez jamais si vous ne pouvez pas découvrir quelles sont vos limites, en quoi vous êtes vraiment nul au point de vous faire passer pour un loser.

Le but n'est pas de devenir un Homme parfait, mais de corriger certaines de vos incapacités qui semblent capables d'être corrigées. Ce n'est pas non plus de plaire aux gens mais d'être vrai, d'être véridique envers sa propre personne. De ne pas se tromper sur soi-même, car il n'y a plus nuisible menteur que celui qui se ment. Connaître vos forces vous rend plus fier de vous tandis que connaître vos faiblesses vous rend plus prudent. Faites la part des choses pour que vous ne soyez pas emporter par votre fierté ni être trop prudent au point de devenir passif.

« A côté du courage qui agit, il y a le courage qui accepte ».

– Landriot

Vous devez accepter vos forces et vos faiblesses pour être vous-même et vous mettre à votre juste place. Découvrir vos forces et vos faiblesses vous fait découvrir vos limites, et vous ne pouvez pas dépasser des limites que vous ne connaissez pas. Parfois il nous manque juste une phrase : « J'accepte que… » pour changer irrémédiablement.

Vous êtes plus fier de vous lorsque rien de ce qui peut être raconté ne peut vous désorienté. Les autres ne vous connaissent pas autant que vous. La plupart de temps, ils ne font que s'imaginer ce que vous pouvez être en se basant sur leurs mesures de capacités. Acceptez ce que vous êtes et même les gens les plus stables aux yeux des autres vous envieront.

TROISIÈME PARTIE :

AFFRONTER

Il y a un temps, l'on me faisait croire que les situations ne pouvaient qu'être les mêmes qu'importent les efforts que j'allais fournir. Chaque fois, je pouvais témoigner de la déception envers les déroutes que je rencontrais sur mon chemin parce que peu importe comment j'agis, les choses finissent par me revenir de la même manière. Je croyais alors que la théorie était vraie.

Chaque fois, je pouvais rencontrer soit de l'ingratitude, soit des critiques basées sur l'inexact, soit du mauvais jugement en mon encontre,... ces moments assombris où vous vous croyez être du mauvais versant des situations. Le soleil semble éloigné, les gens vous regardent mais ne peuvent pas apporter des solutions à vos problèmes parce qu'ils sont non seulement focus sur les leurs mais aussi, ils sont incapables de le faire. Vous vous dites alors que, si le destin est scellé depuis la naissance, vous devez être malheureux toute votre vie.

Je me persuadais que c'était ça la véritable mouture de l'existence que je devrais mener. Je pourrais donc m'attendre à stresser, à me voir bloqué dans la pensée ou à perdre mon aise chaque fois que j'entrevois de l'hypocrisie dans le regard d'une personne, que j'entends qu'on repend des histoires factices sur moi, que des gens décident de parler de ma vie si hideusement jusqu'à ce que je remette en question ma connaissance en soi,...

A la fin, j'ai compris que les choses paraissent exactement comme on les entrevoit dans nos pensées ; que les gens qui limitent leurs pensées sont les mêmes qui se limitent en tout, que le monde est une immense boule dans laquelle chaque Humain constitue une étoile distincte qui décide quand elle s'allume ou s'éteint ; qu'au-dessus de tout, il y a un Dieu Tout-puissant qui a mis en nous un cerveau capable de choisir sa propre voie ; que la plus grande absurdité qu'on peut se permettre de faire était de laisser les autres devenir guides de nos pensées ; qu'en réalité, je devrais me créer des remèdes sans quoi je serais totalement pris dans un piège qui n'a pas d'auteur concret.

Plusieurs solutions s'offrent à nous lorsque nous ne nous étouffons pas à penser plus GRAND. Dans chacun de nous il y a un Caïn et un Abel, du noir et de l'éclair, la nuit et le jour, le fidèle et le traitre. Et chaque fois, nous sommes les premières victimes de nos propres agissements. Lorsque vous ne pouvez pas accepter votre côté qui vous trahi, vous ne pouvez l'affronter. Vous devez accepter ce côté qui désobéi à toutes vos décisions : quand vous vous décidez de changer, il vous renvoie à la case départ ; il implante la vengeance lorsque vous essayez d'oublier. Lorsqu'on ne pense pas plus grand, on ne parvient pas à AFFRONTER la noirceur qui existe à l'intérieur de soi et qui, sans assurément déranger trop, nous affronte perpétuellement.

CHAPITRE 14

AFFONTER SON INTÉRIEUR

La Philosophie nous enseigne que le monde immatériel gouverne celui qui est visible. Tout ce qu'il y a de tangible est piloté quelque part par des robustesses que nous ne voyons pas. Même nous, en tant que corps, dépendons de ce qui se passe à l'intérieur. C'est notre intérieur qui décide de ce que va ressembler notre extérieur.

L'intérieur décide quand le corps doit se coucher ou se lever, quand se laver, quand et quoi manger, où aller, à qui ou de quoi parler, quelle couleur porter, quel maquillage choisir,... tout ce que subit notre nous matériel est dicté par nous qui habitons quelque part à l'intérieur. Ça doit se passer ainsi.

Généralement, votre intérieur considère les choses qui se passent dans votre vie exactement comme elles sont, il influence alors votre partie matérielle qui exécute. Sauf que vous interagissez avec d'autres éléments qui ne dépendent pas de vous car ils ne vous appartiennent pas et qui cherchent à influencer votre agir. Soit vous êtes penché sur ce que vous recommande votre intérieur – autrement dit, ce que vous vous recommandez – soit vous vous laissez attirer par des exhortations extérieures qui n'ont rien à faire avec vous.

Votre plus grand échec sera de vous laisser pénétrer par ces forces qui viennent du monde matériel et dont vous ne savez pas le but. Déjà à l'intérieur de vous, il y a un combat entre vous-même chaque fois que vous voulez décider. Il y a toujours un non et un oui qui apparaissent chaque fois que vous voulez pallier à un desideratum. Il y a un tort et une raison à l'intérieur de chacun de nous qui ne cessent de se battre à la recherche de la victoire. Y trouver un palliatif est votre plus grand défi.

Dans chacun de nous, il y a une de deux forces qui prédominent. Ceux qui sont dominés par le noir font plus de noir, ceux qui le sont par l'éclair font plus de bien. Le tort est constitué par toutes émotions pourries qui existent et la raison par toutes celles qui peuvent nous conduire à un bon port. Chaque fois, il y a toujours un qui remporte.

Vous êtes alors pris chaque jour entre faire et ne pas faire, dire et ne pas dire, vous lever pour aller au boulot ou se faire virer, avancer et reculer, continuer et abandonner,... chaque jour, vous vous livrez un combat perpétuel ; un combat où vous êtes le chasseur et la proie. Votre plus grand combat c'est celui qui se déroule dans vous-même. Si votre raison l'emporte sur votre tort, alors tous les combats extérieurs ne seront que moins difficiles.

Vous faites face à de multiples autres batailles dans lesquelles le monde vous jette et chaque fois, la partie qui influence le plus dans votre « vous » immatériel est celle qui influence votre façon de batailler dans le tangible, tant pis si vous l'avez habitué à dépendre de l'extérieur.

Nous nous sentons incapable de continuer ou d'accomplir ces rêves qui congestionnent nos têtes depuis belle lurette peut-être parce que nous avons laissé notre peur l'emporter sur notre détermination, notre paraisse sur notre bravoure, nos réticences sur nos hardiesses, notre angoisse sur notre audace, notre défaitisme sur notre optimisme, notre spleen sur notre allégresse, notre tristesse sur notre sourire ;...

Nous n'arrivons pas à garder nos relations peut-être parce que notre égocentrisme l'emporte sur notre attention au moment où il ne le devrait pas. Chaque fois, ce qui vous domine à l'intérieur est ce qui vous influence à l'extérieur.

Je me suis toujours dit que je devrais m'efforcer pour que ce qui me désoriente extérieurement influence le moins possible mon intérieur. Jeune et censé être moins sage, je suis arrivé donc à me contrôler face à beaucoup de situations qui m'auraient normalement déraciné. Je me suis habitué à ne pas poser mon attention sur ce qui ne me regarde pas, à ne pas me comparer avec ceux qui sont vus comme supérieurs à moi,...

Je me suis persuadé que certains concepts dont la supériorité n'ont jamais été absolus ; que chacun est qualifié dans son domaine à un moment précis. Tout cela m'a aidé à rester dans mon coin, à fonctionner selon mes propres possibilités, sans déranger personne ; à ignorer certains aspects qui ne méritent de prendre mon temps.

Affronter sa peur

Il y a un temps, je me disais que j'avais une assez grande peur que tous les gens qui ont excellé dans le domaine dans lequel j'aimerais évoluer. J'ai souvent cru que j'avais une grande peur que je ne pouvais jamais bâtir un empire propre à moi. Ça m'a habité et j'ai constaté que toutes mes inactions étaient dues à ce grand affolement qui fait trembler tous mes intestins lorsque j'attends plus de moi-même.

Jusqu'à ce que je constate qu'en fait, la peur habite tout le monde. Mon inaction était due au fait que je laissais la peur me contrôler au lieu que je la contrôle. Elle me dominait et devenait plus dure à appréhender car je la laissais grandir en moi dans toute quiétude. Elle a suffisamment grandi que même de petites actions, courantes et faciles, devenaient progressivement incontrôlées.

La peur est un élément « primordial » dont se sert notre côté pessimiste pour nous jeter dans l'échec perpétuel. J'ai découvert que la peur avant un évènement douloureux fait plus mal que l'évènement lui-même. La peur de l'échec est plus contrariante que l'échec lui-même ; parce que dans l'échec, on tire des expériences nouvelles tandis que dans la peur, on ne tire qu'une autre frayeur plus évoluée qui vous enfonce plus dans ce que vous êtes censé éviter et qui vous laisse immobile alors que vous devriez faire une action.

La peur de l'échec est l'une des causes les plus communes de l'inaction. Lorsque nous étions novices en Marketing relationnel, et qu'il nous fallait introduire de nouvelles techniques de prospection dans nos activités quotidiennes, nous reculions chaque fois que le défi devenait coriace. Les plus poltrons avaient plus peur qu'ils attiraient les autres dans l'inaction.

Eh oui, la peur peut être aussi contagieuse. Dans un groupe, le plus vaillant peut contaminer le plus peureux mais ce dernier peut aussi l'envenimer. Nous devrions faire le porte à porte pour exposer notre projet à tous les ménages d'une avenue choisie au hasard à des heures où nous comptions trouver tout le monde. Nous rencontrions des contraintes qui alimentaient davantage notre effroi.

L'un d'entre nous qui avait très tôt mis sa peur sous son contrôle nous avait alors influencés positivement jusqu'à ce que nous prenions des décisions dans l'inconfort mais bien meilleures. Même les meilleures personnes ont aussi peur, mais elles ont développé un grand contrôle qu'elles semblent être plus à l'aise face à des situations équivoques.

La peur frappe tout le monde à un moment ou à un autre. La différence est que certains arrivent plus à la geler en l'affrontant tandis que d'autres se laissent dévorer. L'insuccès le plus permanent lorsqu'on tremble de peur est de reculer, plus vous le faites, plus la peur grandit, elle prend plus de place, diminue vos choix d'avancer et désormais, vos décisions deviennent fragiles.

CHAPITRE 15
LES OPINIONS

La tolérance est une de plus hautes grandeurs d'esprit. Entendre quelqu'un parler de votre vie et comprendre qu'on est dans un environnement dans lequel chacun est libre d'émettre des commentaires, relève du domaine des génies. Puisqu'il n'existe pas les tops intelligents, on devrait accepter que notre opinion ne soit pas forcément celle des autres.

L'Être humain a été programmé pour observer ce qui l'entoure et émettre des commentaires véridiques ou incorrects. Le plus drôle est que, l'Homme parle plus de ce qu'il ne sait pas que de ce qu'il sait. Beaucoup parmi nous ont plus à dire quand il s'agit des autres que quand il s'agit d'eux-mêmes. Tout simplement parce qu'ils connaissent moins les autres.

Demandez à quelqu'un comment va son mariage, ensuite demandez-lui comment va le mariage d'une autre personne, il aura très probablement plus à dire sur celui de l'autre que sur le sien. Tout simplement parce que c'est là qu'il a moins d'informations. Vous devez admettre qu'il y ait plus de propos erronés que véridiques sur vous, que les gens parlent plus de vous que vous-même car ils vous connaissent moins que vous-même.

Notre façon de voir les évènements ressemble à notre façon de vivre. Nos opinions ressemblent alors à notre vie. Il est plus aisé qu'une personne qui a déjà cédé face à l'échec vous persuade que vous ne pouvez pas réussir. N'attendez pas de quelqu'un dont toutes les habitudes sont absurdes un commentaire constructif.

Les gens pensent que vous êtes le reflet de ce qu'ils ont déjà vécu. Et c'est là qu'ils se trompent souvent. Ils ont alors des opinions axées sur des données erronées. Ils jugent facilement vos actions en se basant sur des expériences qu'ils ont acquises dans leurs vies comme si leurs expériences expliquent vos actions ; sans considérer les aspects compétences et circonstances.

Les opinions collectives

Les opinions collectives surgissent en un moment donné dans nos vies, voulant à tout prix l'influencer. Certaines d'entre elles existent depuis des années et sont quasi impossibles à démettre. Parfois, le mieux que nous puissions faire est de les accepter sans forcément être d'accord avec elles. Mais le plus important est de ne pas permettre que nous soyons passifs envers ces opinions.

Il existe dans chaque société des opinions qui sont considérées comme irrévocables. Lorsque vous empruntez un chemin, les gens veulent vous persuader de renoncer parce que personne n'y a jamais réussi.

Ils vous convainquent que le chemin est déjà tracé, que la voie est un labyrinthe et que personne n'y est jamais ressorti. Du coup, si vous réfléchissez par vous-mêmes, vous vous rendez compte qu'il s'agit de votre destin qui semble avoir été dessiné par d'autres personnes. Autrement dit, des gens ont pris leurs destins comme exemple pour décider de la direction que doivent prendre toutes vos actions.

Le résultat est alors bien clair. Il devient plus facile qu'ils comprennent de façon falsifiée tous vos mouvements. Ils octroient à la société des bornages vénérables basés sur leurs propres pratiques. Ils ne veulent pas accepter que vous soyez capable de changer la cour des choses lorsqu'ils ne le peuvent pas.

Les opinions collectives ont un plafond où elles ne peuvent dépasser. Seuls ceux qui sont grands en pensée arrivent à dépasser ce plafond. Ce que la masse pense de la vie prise collectivement ne justifie pas ce que chacun de nous doit penser de sa propre vie.

Ne refusez pas ces opinions, créez les vôtres. La réalité de l'ensemble n'explique pas forcément celle de chacun de nous. Ce que les gens doivent vivre dans l'ensemble n'a aucun rapport avec les situations que vous vous êtes promis de construire dans votre existence.

Il n'y a aucune preuve que ça n'aille pas dans votre vie privée si ça ne va pas dans toutes les vies privées de votre entourage. Même si tous les membres de votre famille agissent d'une manière qui ne vous plaît pas ; il y a des chances, infimes soient-elles, que vous soyez ce grand révolutionnaire qui change l'intendance des évènements.

Déjà le fait que vous compreniez que les procédés des gens qui vous entourent sont déraisonnables prouve que vous n'êtes peut-être pas exactement comme eux. Il se peut qu'il y ait un changement qui dort en vous et qui attend d'être libéré, ne vous conformez pas étourdiment à ce qui se fait collectivement. Il y a une immense différence entre la bonne voie et la voie la plus fréquentée.

Une famille peut aller mieux alors que chacun des enfants, pris individuellement, ne va pas mieux. Il vaut mieux établir ses propres plafonds que de marcher selon ceux qui ont été établis par on-ne-sait-qui. Tous les records du monde ont été battus par des gens qui sont partis plus loin que des limites offertes par des opinions collectives.

Si tous les mariages de votre entourage fonctionnent selon une certaine conception que tout le monde considère déjà comme inéluctable, vous êtes en possibilité d'amorcer une toute autre évidence, dans votre propre mariage, en vous servant de vos propres énergies.

Si vous vous êtes lancé sur un chemin qui, selon ce qu'on raconte, n'a pas de débouché parce que personne n'a eu le courage et la prédisposition d'arriver à son bout, eh ben, la seule manière de vérifier que vous êtes aussi concerné par cette théorie est de poursuivre votre lancée fondée sur vos objectifs.

Si tous les gens de votre catégorie n'ont jamais atteint le niveau que vous voudriez, c'est parce qu'il n'y a jamais eu un autre « vous » avant vous. Vous avez commencé votre histoire depuis le début de votre vie en remportant le premier combat de l'existence. Sur des millions de spermatozoïdes, vous êtes le seul à avoir été à la hauteur, à avoir attiré la chance et le hasard vers vous. De ce fait, vous êtes le seul à ériger un monument qui portera votre propre oriflamme.

J'ai toujours eu un sérieux problème avec ce qui est collectif. Pas parce que je me sens incapable de partager mais parce que les choses collectives sont fondées sur les influences. Je me suis toujours dit que chacun de nous doit bâtir une réalité appropriée à sa propre vie, selon ses propres possibilités. Que chacun doit faire ses choix, combattre selon ses propres habiletés sans avoir à se justifier ni à se conformer à quoi que ce soit ; à condition ne pas embêter les autres.

A condition que vous portiez votre propre croix ; les délires qui proviennent de votre mariage parce que vous pouvez avoir mal choisi de partenaire, les dérapages de votre carrière, les conséquences néfastes de vos accoutumances, les pertes dues à vos investissements,... ne doivent concerner que vous-même.

Ici récemment je me suis rendu compte que, bizarrement, je n'écoute que des chansons que presque tous les gens de mon entourage n'écoutent pas. Ils les critiquent parce qu'ils ne peuvent pas les écouter, pourtant je ne m'intéresse pas à ce qu'ils écoutent.

Si nous nous influençons sur tout, à quoi est-ce que ça sert d'avoir sa propre âme, son propre cœur, son propre cerveau, ses attitudes, ses compétences, ses tempéraments et son propre corps ? Tout cela explique les particularités qui doivent exister dans chacun de nous et qui font que Dieu nous ait laissé le libre arbitre.

CHAPITRE 16

IGNORER C'EST AUSSI AFFRONTER

L'âme déréglée est comme un tonneau percé à cause de sa nature insatiable. – SOCRATE

Affronter ses problèmes ne signifie pas chercher interminablement des solutions à des problèmes qui semblent avoir été conçus pour ne pas être résolus par nous. Parfois la plus grande action qu'on puisse faire est de ne faire aucune action. Souvent nous passons notre temps à vouloir résoudre des problèmes qu'en réalité nous devrions simplement IGNORER. Vous avez passé en vain votre temps à refuser une affaire qui vous déplaît, peut-être qu'il vous suffit de l'IGNORER.

Vous vous expliquez sans vous faire comprendre, peut-être que ne rien dire est la façon la plus efficiente de faire passer le message. Ignorer c'est garder ces ressources que vous êtes sur le point de gaspiller irrationnellement et qui vous aideraient à faire autre chose de plus judicieux.

IGNORER est parfois la solution la plus définitive à certaines situations qui font semblant de disparaître mais qui réapparaitraient lorsqu'on avance. IGNORER c'est laisser le train partir parce que peu importe ce que vous faites, il partira quand-même ; c'est plus libérateur que d'essayer de l'arrêter continuellement sans y parvenir. IGNORER, c'est offrir son attention à qui vous l'offre en retour ; c'est aussi se passer des relations qui ne peuvent mener qu'en enfer.

Mais oui, il existe des relations qui sont comme des rivières des enfers, qu'importe ce que sont vos efforts ou le temps, elles finiront par vous y mener parce que les solutions qui vous obsèdent doivent venir d'ailleurs. Les IGNORER, c'est s'occuper des situations susceptibles de répondre favorablement à vos efforts tôt ou tard, c'est se donner une chance de réussir avec d'autres moyens.

Ignorer, pardonner

Le plus précieux cadeau qu'on puisse offrir à un faiseur de mal, c'est un pardon et un oubli total de ses fautes ; sauf que c'est quasiment impossible de faire ces deux choses simultanément. Le pardon est une qualité que la plupart de nous croient posséder mais que peu possèdent réellement. Toutes les religions nous l'enseignent sans que nous l'appliquions véritablement. Plus précisément, pardonner ne dépend pas souvent de vous mais de la lourdeur ou de la nuisibilité du fait dont vous avez été victime.

Autrement, sur certains faits, vous pouvez pardonner plus facilement alors que sur d'autres vous vous sentez naturellement incapable de le faire. C'est pour ça qu'on dit que ce ne sont que les plus forts qui pardonnent. Ça veut dire que chacun peut supporter de pardonner par rapport à une limite quelconque qui dépend également de l'action subie, du temps et de la capacité à supporter.

La conséquence la plus néfaste du pardon tel qu'on nous l'enseigne, est que si la faute est très lourde, lorsque vous croyez pardonner, vous souffrez encore plus. Parce qu'au fond de vous, vous savez que vous ne l'avez pas fait.

Je ne sais pas votre cas mais en ce qui me concerne, je me suis rendu compte que pardonner est plus difficile et moins résolu. C'est tellement compliqué que parfois nous croyons avoir pardonné afin de paraître fort ou parce que nous croyons en Dieu et que ceux qui nous enseignent nous appellent à le faire, alors que nous ne l'avons pas fait.

Résultat, lorsque nous mentons sur le pardon, nous laissons croire aux autres que nous pardonnons alors qu'en nous, c'est tellement fort que la faute subie.

Plus drôle encore, sans qu'on l'admette, certains faits sont quasi-impardonnables ou tout simplement plus pesant que nos capacités à pardonner. Nous souillons alors nos faces pour faire croire aux gens que nous avons pardonnés comme nous le faisons d'habitude lorsque les fautes sont moins incommodantes.

Plusieurs époux ou épouses, pour sauver leur réputation matrimoniale ou leur foyer, disent pardonner l'infidélité. Pourtant, beaucoup parmi eux sont tout simplement incapables de la pardonner. Ils font alors croire qu'ils ont pardonnés or, ils connaissent des souffrances intérieures perpétuelles sans lesquelles le pardon serait véritable ou se vengent par des faits similaires.

J'ai une fois connu un père de famille qui avait été courageusement véridique à ce sujet. Sa famille s'était fait cambriolée un soir et malheureusement, deux de ses enfants avaient été tués alors qu'ils cherchaient à appréhender les voleurs dans leur fuite. Le jour d'après, au deuil, le Prêtre prêchant le pardon, demanda à la famille de disculper les assaillants. Le père pris d'aigreur et de rage, ne promit que vengeance.

Je ne suis pas d'accord bien sûr – et ce n'est pas ça le problème – mais ce qui m'intéresse est le fait qu'à ce moment précis, c'était encore énorme, difficile pour lui d'envisager pardonner des gens qui venaient d'ôter la vie à ses deux fils. Quant à vous, pouvez-vous pardonner quelqu'un qui a ôté la vie à deux de vos enfants ? C'est possible mais je crois que très peu d'entre nous le peuvent vraiment au même instant.

Les croyants pourraient répondre positivement à cette question alors que, bon nombre d'entre eux sont en réalité incapables de le faire à l'immédiat. Avec le temps, vous pouvez remarquer une diminution progressive de la rage de vengeance et de la hargne qui a suivi la perte, ce qui vous mettra en bonne position pour vous prononcer.

Pardonner est parfois moins définitif

Il se peut que vous pardonniez à quelqu'un qui ne peut pas changer, qui se sert de votre gentillesse pour vous ruiner davantage. Vous avez pardonné plusieurs fois mais vous vous sentez que, lorsque vous l'approchez, le danger revient et augmente. Vous pouvez pardonner mais dans certain, il faut une solution plus péremptoire.

Pour être honnête, je pense que pardonner tel qu'on nous l'enseigne, est parfois un peu brusque. Il existe un autre verbe qui répond au même desideratum. C'est le verbe « ignorer ».

Parfois, tout ce dont on a besoin dans une situation d'amertume, c'est plus « ignorer » que « pardonner ». Cela, pas parce que pardonner est moins important, mais parce que ce n'est pas définitif. Souvent, pardonner est vraiment douloureux, dangereux et mensonger ; surtout lorsque ça inclue de laisser le faiseur de mal continuer de vous côtoyer. Parfois pardonner vous remet en position de victime potentielle.

Lorsque les situations sont difficiles à supporter, j'opte pour une solution plus forte, plus définitive et plus efficace. Elle inclue pardonner et va encore plus loin. J'ai constaté que pour certains cas précis, il vaut mieux IGNORER parce que ça inclue PARDONNER et PRENDRE SES DISTANCES. Parce que lorsque je me retrouve victime d'un fait pour une deuxième ou troisième fois, je me dis que peut-être que je surestime ma perspicacité.

L'inchangeable

Nous connaissons tous des personnes douées à faire du mal, à semer de la noirceur dans leur entourage. Certains d'entre nous, habitués à secourir, s'efforcent pour aider ce genre de personnes mais ça ne résout rien ; ces personnes semblent s'être déjà programmé à gâcher le bonheur autour d'eux. Mais peut-être que nous passons par de mauvaises voies pour les aider.

Naturellement, une mauvaise personne ne change pas, elle change juste de cible. Ma mère m'a dit un jour qu'une mauvaise personne, c'est comme un homme politique, il sourit à tous mais n'aime personne. Et peu importe ce que ça inclue, c'est la même chose tous les jours. Vêtu de noir ou de blanc, le diable ne peut pas changer. Il peut changer d'habit mais il ne peut pas changer sa nature de semeur des troubles. De fois, après nous avoir brisés, il va chez d'autres personnes tour à tour. La cible peut ne pas être vous, mais si vous l'approchez, sachez que vous le serez tôt ou tard. Une personne de mauvaise foi peut couper le seul cordon qui le lie à sa propre vie pourvu qu'elle attriste les gens. C'est ainsi qu'elle s'est programmée.

Les mauvaises gens aiment qu'on parle d'elles dans tous les débats, aussi négativement que positivement, peu leur importe. Elles aiment attirer l'attention sur elles, dans toutes les manières possibles. Les personnes de mauvaise foi peuvent préférer paraître hypocritement utiles pourvu qu'elles fassent mal. C'est leur nature.

Si leur nature ne faisait du mal qu'à eux, on ne serait pas en train d'en parler ici ; car s'il est déjà difficile de sauver le monde contre de personnes malintentionnées, à quel niveau peut-il l'être si l'on veut sauver une odieuse personne contre elle-même ?

Les plus forts d'entre nous essayent de les pardonner. Ce qui parfois est la solution la plus humanitaire possible. Mais je crois que pardonner une personne qui ne peut pas changer, c'est lui procurer une chance supplémentaire de nuire.

Les aider ou du moins restreindre leur nuisibilité, c'est être plus intelligent que fort ; comme le dirait Albert Einstein. C'est-à-dire les ignorer tout simplement. Les ignorer inclue les pardonner et prendre les distances. Cela les aide de prime abord à réduire leur nombre de cibles potentielles.

Tous les mauvais côtés des choses aiment qu'on se focalise sur eux. Les mauvaises personnes aiment qu'on parle plus d'elles que de nous-mêmes, qu'on centralise toutes nos pensées sur elles de sorte qu'on reçoive au max les coups qu'elles nous envoient. Les mauvaises gens sont occupées à donner des coups, elles aimeraient qu'on soit occupé à en recevoir.

C'est naturel pour une personne mal intentionnée de vous faire pleurer comme c'est naturel pour l'eau de couler, passer le temps à pleurer c'est alimenter leur conquête de sorte qu'elles ne s'arrêtent jamais.

Les personnes mal intentionnées aimeraient qu'il y ait un duel entre vous afin de légitimer leur champ de bataille en quelque sorte. Le remède le plus définitif, c'est de les IGNORER. Faire comme si leurs mauvais agissements ne laissent aucun heurt. C'est là qu'elles réalisent que vous êtes plus fort qu'ils ne le pensaient, c'est là qu'ils trouvent leurs prépondérances sans effet et constatent l'inexistence de leur suprématie tant hypothéquée.

Ne faites jamais l'erreur de continuer à prodiguer des conseils à une personne qui semble incorrigible. Vous ne ferez qu'augmenter sa soif de nuire davantage. Le seul conseil qui marche à chaque coup est celui dont nous nous prodiguons. Et l'unique moyen d'aider une personne de mauvaise foi à se prodiguer des conseils qui lui seront utiles est de l'IGNORER, lui et tous ses agissements préjudiciables.

Il existe aussi des phénomènes qui sont parasites à notre existence. Des situations malencontreuses qui ne s'arrêteront que lorsque nous quitterons cette Terre ou que seul le bon Dieu peut résoudre. Décider de les résoudre c'est suivre un mouvement de cercle sempiternel qui vous détourne de ce qui est plus remédiable que ça. Mettez-les quelque part, IGNOREZ-les. Tout simplement.

Se concentrer sur ce genre de situations revient à renoncer à ce en quoi on est plus habile. Car ce qui est normal c'est ce qu'on est réellement capable de faire, le reste est normal pour les autres.

L'irrémédiable

Une femme avait un mari qu'elle jugeait malcommode et importun. La femme criait à l'infidélité, aux inanités et à plusieurs torts que pouvait causer son mari. La femme avait fourni en vain tous les efforts pour que son homme cesse ses âneries. La dernière décision qu'elle se prescrivit fut celle d'ACCEPTER la situation telle qu'elle était devenue, vu qu'elle se disait n'être pas en bonne position d'abandonner son mariage, à cause de ses enfants, etc.

En deuxième lieu, elle se rendit compte que parfois la meilleure voie pour éradiquer un problème est de ne pas chercher à l'éradiquer. Mettre son attention sur un faiseur de mal c'est lui donner de l'essence pour sa cause, le fait que la victime se sente blessé et prête à combattre est ce que le fait vivre. L'IGNORER c'est le pousser à se sentir désolé. La femme décida d'ignorer les agissements de son mari en entièreté.

Au bout d'un moment, le mari n'ayant pas renoncé à ses déloyautés bien aimées, constata que chez sa femme, c'était devenu totalement inaperçu depuis un moment. Elle ignorait l'exclusivité de ses actes, bons ou répugnants. C'est là qu'il réalisa la lourdeur de ses actes et crut sans raison qu'avec le je-m'en-foutisme de sa femme, elle préparerait une vengeance qui pouvait lui être funeste. Depuis, la femme constata la diminution progressive des barbaries de son homme.

Découvrir vos problèmes et les accepter ne doit pas vous obliger à vous focaliser uniquement sur eux. Quelquefois, se concentrer sur le problème aggrave le problème. Trop penser à un truc qui pèse super lourd sur vous augmente ses chances d'être irrémédiable. Parfois ce qu'il vous faut c'est ignorer les problèmes, car ils sont peut-être là par votre faute mais pas par votre vouloir. Canalisez cette énergie que vous perdez à vouloir guérir l'irrémédiable sur les solutions.

Des conseils introvertis

Notre entourage espionne tous nos mouvements, du moins ceux qu'ils sont capables d'observer. Ils se permettent de nous mettre sous radar chaque fois que nous sommes dans leur fenêtre de tir. Ils peuvent l'expliquer de plusieurs manières, chacun de nous est donc seul à fournir des efforts pour satisfaire tout un groupe de personnes prises chacune distinctement.

Si vous décidez de devenir ridicule et de le demeurer, vous serez donc entrain de vouloir répondre à de milliers d'exigences, parfois contradictoires ou fondées sur des attentes autres que les vôtres ; que vous n'avez pas émises et dont les retombées ne peuvent frapper que votre propre vie principalement. Autrement, vous serez en train de vous anéantir pour charmer l'insatisfaisable.

Ils diront que c'est par amour pour vous, par volonté de vous voir réussir ou par celle de vous faire éviter des erreurs qu'ils peuvent avoir commis avant vous mais en réalité, ils voient votre vie comme le produit et les leurs comme un simple échantillon.

Ils alors pensent que vous devez forcément commettre les mêmes erreurs qu'eux, délirer où ils l'ont fait,... Pire encore, ils pensent parfois que vous ne pouvez pas réussir où ils ont échoué, ils justifient ça par l'amour ou l'attention.

Quelqu'un qui a raté son mariage vous persuadera que le mariage est un délire, pendant que celui qui a vécu un célibat de honte vous dira qu'être célibataire est un échec total. Un Monsieur vous dira que les femmes sont toutes mauvaises pendant qu'un autre vous démontrera qu'il n'y a pas un bon chemin loin d'une femme. Il a été arnaqué par une société, il vous dira que de tels businesses ne marchent pas.

Chaque fois que quelqu'un n'a pas eu de chance dans une situation, il cherche à vous convaincre de renoncer à tenter la vôtre. Il arrive même qu'une personne vous prodigue des conseils sur une situation qu'il n'a jamais vécue parce qu'il a des préjugés ou parce qu'il s'est convaincu que le tunnel que vous voulez emprunter n'a pas de déversoir.

Ils font pleuvoir de formidables conseils basés sur des expériences autres que les vôtres sans tenir compte des différences qu'il peut exister entre les personnes, les moments ou les époques, les lieux, les moyens disponibles, les capacités,... ce genre de conseil de nature à stopper ou à anéantir votre progrès est à IGNORER intégralement. Ecrire sa propre histoire est mieux que se référer à celles des autres à chaque pas.

D'autres conseils sont basés sur des opinions collectives qui peuvent être erronées ou même avérées et qui ne justifient pas fatalement les situations dans lesquelles vous êtes. Les opinions collectives peuvent être vraies sans qu'elles touchent tout le monde.

La réalité d'un groupe pris collectivement ne peut pas forcément expliquer celle d'un individu. De même, les réalités particulières de plusieurs individus n'expliquent pas forcément les réalités collectives. Les choix peuvent être de même nature sans qu'ils apportent les mêmes conséquences. Les décisions peuvent être jumelles et vous mener à des ports totalement distincts.

Pourquoi ignorer certains conseils ?

Vous me direz peut-être qu'ignorer certains conseils n'est pas l'exemple d'un Monsieur ou d'une Dame qui veut progresser et moi je vous dirai que les vieilles personnes ne sont pas – ou ne devraient pas être – considérées comme des sages à cause de leur âge avancé mais spécifiquement parce qu'elles sont supposées avoir acquis plus d'expériences que d'autres, avoir écrit leurs propres histoires. Chaque fois qu'elles vous disent quelque chose, vous faites très attention.

Les expériences sont de loin supérieures aux conseils car elles sont appropriées à la personne qui les a vécues. Les conseils quant à eux ont comme origine les expériences des autres personnes, c'est pour ça qu'il est plus probable qu'ils soient inadaptés aux situations présentes, surtout à la personne que vous êtes et à vos capacités respectives.

Ce que les autres ont vécu ne doit pas être un soubassement à notre vie, IGNORER certaines catégories de conseils ne signifie pas abaisser ceux qui les ont prodigué mais c'est se donner la chance d'écrire sa propre histoire basée sur ses propres caractéristiques, dans son propre carnet.

Je n'essaie pas de vous persuader d'évoluer en loup solitaire ou de sous-estimer ceux qui vous entourent, si vous avez parcouru ce livre vous devez avoir remarqué que c'est en tout cas le contraire. J'essaie simplement de révéler la part que vous êtes sensés offrir à vos propres perceptions.

Je n'essaie pas non plus de vous insinuer à mésestimer tous les conseils que vous prodiguent ceux qu'on croit être capables de savoir plus ; je vous avertis simplement qu'il n'y a pas de certitude que ce qu'ils vous disent fonctionne. L'unique manière de savoir ce que la vie vous réserve est de prendre en main votre destin, de faire votre part et laisser le bon Dieu faire le sien.

CHAPITRE 17

LE MÉSESTIME

Notre entourage est plusieurs fois caractérisé par des jugements démesurés et hâtifs à chaque mouvement que nous faisons. Pendant que nous faisons des choses le mieux que nous pouvons, quoi que parfois sans succès, nous sommes méjugés par ceux qui nous entourent.

« Le monde ne vous estime jamais plus que vous le faites. »
– Sonja Henie

La seule personne à pouvoir vous estimer à votre juste valeur, c'est vous-même. Le monde lui, ne connait pas ce qui se passe à l'intérieur de vous ou dans l'ensemble de votre vie, il essaie de vous mettre à une place appréciative. Si vous vous contentez de ça, il vous rabaisse encore un tout petit peu. Plus tard il vous ravi même cette place inconfortable qu'il vous a offerte.

Les gens vous jugent par rapport à ce à quoi ils aspirent et non selon vos propres façons de voir. Ils peuvent également vous juger tenant compte de leurs situations personnelles ou de leurs expériences et de leurs façons de voir les choses.

Ils estiment alors qu'il ne peut rien exister dans votre vie en dehors de ce qui se passe dans leurs têtes. Il ne peut pas y avoir de bon jugement lorsque d'autres personnes, nous jugent sur base des informations dont ils ne peuvent posséder qu'en très fine partie. Tout individu est le seul à accéder à tout ce qui se passe dans sa vie, par conséquent, il est le seul capable de connaître son véritable rang.

Le monde n'aura jamais d'informations nécessaires pour comprendre qui vous êtes. C'est facile pour les gens de juger votre couple, vos choix, vos dérapages, vos habitudes, votre apparence, vos échecs, vos succès,... car ils n'ont pas accès à toutes les épines qui les accompagnent.

C'est lorsqu'on n'a rien à dire qu'on cherche à tout prix à dire quelque chose ; et on en dit même plus que celui qui a tous les éléments. En revanche, lorsqu'on a plus à évoquer, l'on a moins de courage de débuter le sujet.

L'erreur que vous pouvez commettre est de les laisser détruire votre élan. Vous ne savez pas les intentions des gens comme ils ne savent pas les vôtres. Le mieux que vous puissiez faire, est de vous concentrer sur ce que vous êtes à l'intérieur et surtout sur la route qui vous mènera où vous voulez arriver. La physique quantique nous enseigne que nous sommes des puissants créateurs, nous pouvons changer nos désirs en des ordres. Je joins cela à ce que dit la Bible.

Dans Genèse 1 : 26-30, Dieu créa Adam et Eve à son image. L'Homme ressemble donc à son créateur et a le plein pouvoir sur tout ce qui existe ici-bas. Ensuite, il leur donne le pouvoir de procréer, c'est-à-dire de continuer à créer d'autres créatures de leur espèce. Enfin, après les avoir béni, Dieu leur donna le pouvoir de dominer sur les poissons de la mer, sur les oiseaux du ciel, sur le bétail, sur toute la terre, et sur tous les reptiles qui rampent sur la terre ; sur les poissons de la mer, sur les oiseaux du ciel, et sur tout animal qui se meut sur la terre ; sur toute herbe portant de la semence et qui est à la surface de toute la terre, et tout arbre ayant en lui du fruit d'arbre et portant de la semence qui sera de la nourriture pour eux.

En tant qu'être humain, descendant d'Adam et Eve, vous avez toute cet immense pouvoir sur tout ce qui existe car c'est ainsi que Dieu a décidé. Tout ce que vous désirez peut se réaliser car vous le ressemblez et par conséquent, il est le seul à qui vous devez d'éventuelles explications.

Alors imaginez que vous soyez limité par la façon dont les gens perçoivent votre vie ; votre chance passera car vous serez concentré ailleurs, à vouloir démontrer l'improuvable. La jalousie est une émotion naturelle chez l'être humain, certains arrivent seulement à la camoufler mais elle existe bien dans chacun de nous.

Par jalousie les gens peuvent très bien vous dérouter de vos objectifs, de peur que vous n'atteigniez pas leur niveau ou même que vous ne le dépassiez. Certains vous jugent parce qu'ils se convainquent que vous êtes un combattant et que vous avez plus de chances de réussir entant qu'image de Dieu ayant un pouvoir, des compétences et des pensées propres à vous.

D'autres sont focalisés sur vos erreurs pour vous juger selon leurs conceptions qui n'ont rien à faire avec votre réalité. Ils veulent que vous vous concentriez sur la part de vous qu'ils jugent la plus lamentable. Ignorez cette partie de vous qui les intéresse négativement et axez votre attention sur vous entièrement. Car il suffit d'un petit défaut pour que les gens malintentionnés noircissent tout ce que vous êtes, oubliant d'innombrables qualités qui vous habitent. Laissez-les contrôler l'entièreté du débat et vous l'entièreté de votre humeur.

CHAPITRE 18

CE QUI VOUS CONCERNE vs CE QUI NE VOUS CONCERNE PAS

Faites attention à ce qui vous concerne, surtout ce qui ne vous concerne pas.

Déjà on a chacun des situations hyper importantes qui sont liées à la vie et qui, en un moment donné, prennent toute notre diligence. L'idéologie africaine nous enseigne que nous devons nous entraider parce que personne ne peut vivre écarté des autres. Il n'y aurait pas eu de complication jusqu'à ce que nous décidions de passer à la recherche des problèmes qu'il y a dans les vies privées des autres.

Un vieil ami me dit toujours : « si vous voulez vivre longtemps, tenez-vous à l'écart de ce qui ne vous concerne pas ». Maîtriser votre propre vie est un défi difficile à relever, si on ajoute votre partenaire et vos enfants, ça devient plus compliqué ; si vous ajoutez d'autres personnes qui ne vous ont pas invité, on dira que vous possédez une ardente envie de vous désorienter.

La meilleure attention que vous pouvez avoir sur la vie privée des autres, c'est de n'en avoir aucune. Vous vous battez jour et nuit pour apporter solution à vos problèmes, ajouter ceux qui ne vous concernent en rien est un moyen le plus efficace pour vous embrumer.

Le plus grand égarement est de vouloir connaître ce qui se passe dans la vie d'une autre personne car quoi qu'il s'y passe, vous y voyez toujours louche. Aussi loin que vous alliez, vous ne verrez que la partie visible de l'iceberg, votre discernement ne sera jamais exact car il s'agit d'un terrain que vous ne pouvez pas maîtriser.

En conséquence, vous perdrez la concentration que vous êtes supposé avoir sur vos situations propres et sur des solutions que vous devez apporter à vos propres problèmes. La dernière fois que je me suis mis dans des histoires qui ne me regardent pas, j'ai émis tellement des critiques aberrantes qu'aujourd'hui je me dis que j'étais peut-être fou à l'époque. Vous émettez plus de critiques sur une personne car vous ne savez pas grand-chose sur elle. Vous confondez ses états parce que vous ne pouvez pas la voir comme elle se porte à l'intérieur.

Vous ne pouvez pas expliquer les larmes qui coulent des yeux d'une personne parce que vous ne savez pas les sentiments qui habitent son cœur. Occupez-vous de vos propres larmes, au moins vous savez pourquoi elles coulent. Même les plus forts d'entre nous ne peuvent pas remplacer les plus faibles si l'on décide d'échanger nos vies. La nature a mis chacun dans un corps de sa convenance, chacun ne peut que comprendre comment il fonctionne.

Tant qu'on ne vous demande pas d'avis, restez loin du fonctionnement de la vie des autres. Tant que vous n'êtes pas invité, restez tranquille dans votre coin, avec vos soucis. Ceci vous épargne de plusieurs bouleversements que vous pouvez éviter en vous occupant de votre propre vie.

Printed by Books on Demand GmbH, Norderstedt / Germany